KB044419

기획자가 일 잘하는 법

선배도, 상사도, 회사도 알려주지 않은

기획자가 일 잘하는 법

Peter 지음

와이즈베리
WISEBERRY

열심히 일하는 것보다
어느 판 위에서 일하는지가 중요하다

 '승진은 운'이라는 말이 있습니다. 일을 열심히 하는 사람과 승진을 잘 하는 사람이 다르다는 이야기를 할 때 많이 쓰입니다. 그런데 승진은 정 말 운일까요? 일이 성과가 나서 승진을 하는 게 마땅한 것처럼 보이지만 이면에는 그보다 더 앞을 내다보는 눈이 필요합니다. 성과가 날 만한 일 또는 승진이 될 만한 일을 고르는 눈 말이죠.

 이게 무슨 말인가 싶겠지만 직장 생활을 오래한 사람이라면 이 말이 어떤 의미인지 이해할 것입니다. 마치 게임에서 유닛을 하나하나 움직이 는 큰 화면이 아닌 유닛의 위치가 점으로만 찍혀 있는 미니맵mini map을 보면서 게임을 하는 프로게이머처럼 '회사를 움직이는 판'을 읽는 능력 이 필요합니다. '그 사람은 거기에 있다' 같은 말이 뒤따르는 게 승진에

강한 사람들의 특징입니다. 일을 마냥 열심히 하는 게 아니라 어느 판 위에서 하는지가 중요한 것이죠.

경영학의 구루 피터 드러커Peter F. Drucker는 저서《프로페셔널의 조건》에서 성과를 내는 습관으로 "공헌에 집중하라"고 말합니다. 열심히 일해도 공헌이라고 인정받을 만한 일이 아니라면 소용없다는 뜻으로 받아들여도 틀리지 않습니다. 실제 평가에 반영되는 성과나 역량 등의 요소는 매출이나 이익 같은 숫자, 전혀 해보지 않은 사업을 벌이는 것으로 귀결되니까요. 이런 일은 보통 회사의 큰 계획 안에서 롤 플레이어인 개인이 만들어가는 것입니다.

일을 잘한다는 것은 회사 전체의 판을 읽는 동시에 나의 위치와 역할에서 공헌할 만한 일이 무엇인지 잘 찾는 것입니다. AC 밀란의 레전드 축구선수 필리포 인자기Filippo Inzaghi처럼 위치 선정의 달인이 되는 것이며, FC 바르셀로나의 레전드 사비 에르난데스Xavi Hernandez처럼 그라운드 위에서 패스를 받기 전까지 6번 이상 주변을 바라보고 공을 받아 다음 패스를 뿌리는 능력을 가지게 되는 것과 같습니다.

P&G에서 오랜 기간 CEO로 활약하며 회사의 황금기를 이끌었던 A. G. 래플리A. G. Lafley와 모니터그룹Monitor Group의 로저 마틴Roger Martin이 쓴《승리의 경영전략》에서는 회사 전략이 어떻게 실무에 영향을 미치는지 잘 설명하고 있습니다.

그는 브랜드 올레이Olay의 비즈니스 선택 단계를 프로세스로 정리하면서 현재 경영 시스템의 거대한 비전, 즉 승리의 열망부터 사업의 분야,

승리의 방법, 갖춰야 할 역할 등 우리가 흔히 말하는 기획 과정이 실무에 지대한 영향을 미치는 작용에 대해 설명합니다. 회사의 어느 부분이라도 회사가 계획한 기획의 철학이 들어가지 않은 영역이 없다는 말이죠.

단적인 예로 회사가 향후 어떤 사업 전략을 추진할 것인지에 따라 개인의 커리어에 매우 중요한 영향을 미칩니다. 현재 오프라인 리테일에 집중하는 기업이 모바일 리테일로 급속히 전환할 계획을 가지고 있다면 회사가 가진 승리의 방법이 바뀌는 것을 의미합니다. P&G는 물론 어떠한 기업도 이런 상황이라면 회사의 역량을 어떻게 모바일 리테일에 집중할지 고민할 것입니다. 기본적으로는 자원을 얼마나 많이 투여할지 정하고 회사의 사활을 얼마나 맡길지도 계산할 것입니다.

지금 내가 일하는 분야를 만약 모바일로 바꾼다면 상대적으로 알아주지 않는 비주류 오프라인 리테일 조직에 있는 것보다 성과 측면에서 훨씬 나은 결과가 도출된다는 것은 자명합니다. 물론 어디까지나 단정할 수는 없는 확률에 대한 이야기죠. 그럼에도 조직의 기획 방향을 미리 아는 것은 직장인으로서 살아가는 여러분이 탁월한 성과를 내고 전문가로 성장하는 데 이정표가 될 것입니다.

| 기획을 알면 일을 효율적으로 할 수 있다 |

이 책의 핵심 키워드인 '기획'을 안다는 것은 '시장을 읽는 눈을 갖고

일하는 것'을 의미합니다. P&G 사례처럼 기획을 안다는 것은 시장의 흐름을 읽고 여기서 내가 어떤 일을 할지 정하는 능력을 갖게 되는 것입니다. 나무를 자르기 전 도끼날을 가는 데 90%의 시간을 쏟은 나무꾼이 겨우 10%만 시간을 쏟은 나무꾼보다 나무를 더 잘 자른다는 것은 이미 알려진 사실입니다.

최근에는 애자일Agile 같은 경영 방식처럼 나무를 자르면서 수시로 도끼날을 가는 방법도 있지만, 이것 역시 도끼날에 대한 고민은 같습니다. 만약 여러분이 이력서를 정리하면서 적을 성과가 많이 없다면 일을 그저 열심히만 하지 않았는지 되돌아볼 필요가 있습니다. 기획은 업무에 자유를 가져다줄 눈을 제공하며 적은 시간을 들이고도 더 높은 품질의 보고서와 실행 결과를 약속합니다.

또한 기획을 제대로 아는 것은 '분명한 지향점을 가지는 것'을 의미합니다. UCLA의 리처드 루멜트Richard P. Rumelt 교수는 저서《전략의 적은 전략이다》에서 "목표와 전략을 혼돈하지 말라"고 말합니다. '작년보다 매출액을 20% 더 성장시켜라'를 전략으로 세우면서 직원들에게 의지를 강요하는 일이 아니라 구체적인 절차와 세부 성과를 제시하는 것이 목표와 전략의 차이라고 말합니다.

여러분도 일하면서 회사의 뜬구름 같은 목표에 매몰된 경험이 많지 않습니까? 도끼날을 간다는 것은 일을 연역적으로 분해하고 귀납적인 인사이트를 찾아 프로세스를 정립하는 일입니다. 이제부터 함께 살펴볼 기획자가 가진 '사고의 프레임'과 여러 스킬은 이런 구체적인 사고가 가능하도록 생각의 폭을 확장시켜줄 것입니다.

피터 드러커는 "성과는 습관이며 훈련될 수 있다"고 강조합니다. 기획자의 눈으로 보고 생각하는 방식이 그렇습니다. 시장을 이해하고 나누는 방법, 자신의 역량을 정의하고 일을 추진하기 위해 역량을 확보하는 방법, 숫자를 읽고 개연성을 찾아 실무에 적용하여 숫자를 바꾸는 방법 등이 성과를 달성하게 도와줄 것입니다.

회사의 일 대부분이 내부적인 문제와 결합되어 어떻게 하면 일을 더 빨리 처리할지에 귀결되지만, 피터 드러커의 말처럼 성과는 늘 조직 외부에 있습니다. 자, 이제부터 기획자의 눈으로 하나씩 살펴봅시다.

차례

PART 1
기획만 알아도 회사 일이 술술 풀린다
| 일의 기본 편 |

PART 2

결과의 차이를 바꾸는 전략기획의 기술

| 기획 실무 편 |

PART 3

회사에서 프로 일잘러로 살아남는 법
| 기획자의 공부 편 |

PART

1

기획만 알아도
회사 일이 술술 풀린다

~~~

| 일의 기본 편 |

01

기획 VS 전략기획

〰〰

이 책을 펼친 사람이라면 회사에서 직무 이름에 '기획'이라는 단어가 들어가 있거나 기획이 어떤 일을 하는지 궁금한 사람들이 대부분일 것입니다. 기획이라는 단어가 붙는 직무명은 경영기획, 전략기획, 마케팅기획, 영업기획, 연구기획, 상품기획, 서비스기획, 재무기획, 사업기획, IT기획 등 많습니다.

사실 모든 일 뒤에 기획이라는 말만 붙여도 다 통할 겁니다. 그래서인지 기획자 사이에서도 자신이 정확히 무슨 기획을 하는지 헷갈려 하는 사람이 꽤 있습니다. 어느 날은 취직을 앞둔 대학생으로부터 여러 기획 직무의 업무 성격을 설명해달라는 요청 이메일을 받기도 했습니다. 모든 일에는 기획이라는 하나의 과정 또는 기술이 필요한데, 그게 너무 많아서 헷갈리는 것이라 생각됩니다.

기업에서 기획은 조직관리에 쓰는 용어입니다. 기획이란 단어 자체가 범용적인 표현이라 학자마다 정의는 다르지만, '형이상학적인 방향을 설정하고 형이하학적으로 풀어내는 과정'이 공통적으로 정의하는 기획의 성격입니다.

현대 생산관리 역사에서 중요한 자리를 차지하고 있는 에드워즈 데밍 W. Edwards Deming의 PDCAplan-do-check-act는 생산 용어긴 하지만, 대부분의 기획이 하는 일을 잘 정리한 이론입니다. 즉 기획은 '계획하고 실행하고 평가하고 개선하는 과정'을 총괄하는 역할이죠. 기업 문화에 따라 이 사이클에서 계획과 평가에만 집중하는 곳도 있고 전 과정에 관여하는 곳도 있는데, 대체로 기획자의 업무 영역은 이렇게 넓은 편입니다. 그러니 어느 직무를 '기획' 앞에 갖다 붙여도 말이 되는 것이죠.

과거에 하던 일을 유지하는 오퍼레이팅만 한다면 기획이 필요 없겠지만, 변화하는 환경에 따라 일하는 방법 역시 달라지는 것이 현실이기 때문에 기획 속성은 모든 분야에서 필요합니다.

영업관리와 영업기획의 차이로 '기획스럽게' 일하는 방식을 설명해보겠습니다. 영업관리는 보통 현재 유지 중인 영업망의 매출이 떨어지지 않게 일련의 행위를 취하는 것을 말합니다. 주요 영업 채널과 커뮤니케이션하고, 영업 채널에서 벌어들인 수익을 계산한 다음, 어떤 채널에 보다 집중해서 자원을 배치할 것인지 고민하는 일이 주요 업무입니다. 즉 현재 놓인 플랫폼을 떠나지 않는다는 전제가 있습니다. 새로운 모델을 창조하거나 현재 모델을 변형하는 일은 과업에서는 빠져 있습니다.

반면 영업기획은 영업의 새로운 방향과 프로세스를 모색하는 기능이 있습니다. 대리점 사업을 하는 회사에서 더 이상 대리점을 통해 일정한 수준 이상의 고객 경험을 만드는 게 어렵다고 판단이 되면 직영점으로 진출하든지 온라인 영업망에 보다 집중하는 계획을 수립합니다.

이는 단순히 목표가 아니라 새로운 영업을 하기 위해 실제적으로 필요한 것들, 예를 들어 관련된 법령을 찾아서 프로세스를 짜고, 전체적인 영업망을 중장기적으로 시장의 흐름에 맞추기 위한 역량 등을 준비합니다. 즉 현재 돌아가고 있는 영업 플랫폼보다는 향후 나아갈 방향을 궁리하고 실체로 만드는 데 대부분의 시간을 쓰는 일이 영업기획인 것이죠.

회사 안에서 관리와 기획 업무가 분리되어 있지 않다면 직무별로 이 두 가지 속성을 모두 해내야 합니다. 여러분이 '영업부'라는 부서에서 일하고 있다면 기존의 영업 플랫폼이 잘 돌아갈 수 있게 관리하면서 동시에 새로운 영업에 대한 준비를 해야 하죠. 기획스럽게 일하는 것, 이것이 조직에서 인정받는 일을 잘하는 방법입니다.

| 기획은 영감의 전유물이 아니다 |

기획을 '크리에이티브', '아이디어'라고 생각하고 있었다면 지금까지

의 설명은 다소 뜻밖일 것입니다. 기획 관련 책들을 보면 창의적인 생각에만 초점이 맞춰져 있습니다. 디자인 및 컨설팅회사 IDEO의 혁신을 설명한 '디자인 씽킹Design Thinking' 관련 책도 '생각을 어떻게 하는가'로 기획을 설명하고 있습니다. 기존에 하지 않았던 생각을 통해 새로운 비전을 제시하는 업무가 기획의 중요한 부분으로 인식되기 때문이죠.

이 설명도 틀린 말은 아닙니다. 실제 광고기획이나 마케팅기획에서는 새로운 콘셉트를 창조해야 하는 업무도 있습니다. 잭 트라우트Jack Trout와 알 리스Al Ries가 쓴《포지셔닝》이나 세스 고딘Seth Godin의《보랏빛 소가 온다》같은 고전을 보면 분명 일에 창의적인 사고가 필요한 부분이 있습니다. 기존의 생각만으로는 앞서 말한 운영의 수준을 벗어나기 힘든 영역이 있기 때문이죠.

하지만 창의적인 생각이 '새로운', '재미있는', '유행을 만드는' 것만은 아닙니다. 구글Google처럼 재미있는 기업 환경에서 브레인스토밍을 할 수도 있지만, 무에서 유를 만드는 시작은 과거의 유를 보는 것부터 출발하는 일도 많으니까요. 즉 체계를 갖춰 창의성을 이끌어내는 것입니다.

앞으로 많은 시간을 할애해 이 책에서 설명할 '전략기획'은 기획의 한 분야로 많은 부분 창의적인 결과물을 만들어내야 하는 일입니다. 기업의 향후 방향성을 정의하고 미션과 비전을 다듬어 내부 자원을 통해 역량으로 발전시킬 세부 계획을 만들어야 하는 책임을 갖고 있습니다. 늘 새로운 사업 아이디어가 있어야 하는 업무입니다.

더구나 백오피스 전체를 만든 전략을 중심으로 재편하고 추진해야 하는 일을 맡고 있어서 마케팅기획이나 영업기획 같은 다른 기획 업무를 조율하는 입장까지 맡고 있습니다. 크리에이티브한 일의 결과를 스스로 정의해야 하는 상황입니다.

베인앤컴퍼니Bain&Company의 유명 컨설턴트 크리스 주크Chris Zook와 제임스 앨런James Allen은 저서 《최고의 전략은 무엇인가》에서 전략을 기획하는 최고의 방법으로 '일관성'을 꼽습니다. 창의적으로 나온 사업 아이디어도 일관적이지 않으면 조직의 방향을 그르치고, 주어진 자원으로 역량을 형성하는 데 온전한 한 방향으로 추진할 수 없다고 말합니다.

결과적으로 전략기획은 창의적인 결과물을 정의하는 동시에 창의적인 역할을 맡은 다른 기획자들을 체계적으로 조율하는 역할을 해야 해서 비유하자면 '잘 짜인 교향곡'과 비슷합니다. 창의적인 기획의 결과물마저 사고와 체계를 가지고 나온 값이라는 느낌이 강합니다.

세계적인 컨설팅회사 맥킨지McKinsey&Company를 다룬 책들을 보면 전략기획의 성격을 보다 명확히 알 수 있습니다. 특히 맥킨지 출신의 컨설턴트들이 쓴 책을 보면 전략기획에서의 창조는 체계적인 조사와 분석 방법을 거친 결과물이라는 것을 알게 됩니다. 바실리 칸딘스키Wassily Kandinsky의 그림처럼 갑자기 없던 게 생기는 것이 아니죠.

경영학의 고전인 에단 라지엘Ethan M. Rasiel의 《맥킨지는 일하는 방식이 다르다》를 보면 책 한 권이 프로젝트 매뉴얼일 정도로 전략기획이 일을 풀어가는 방식은 프로세스 덩어리로 이뤄져 있습니다. 아이디어가 톡톡 튀어나오는 기획자라는 직업과는 실제 돌아가는 모습이 다른 것이죠.

전략기획만 기획이라고 말하는 것이 결코 아닙니다. 여러 기획 중에서 전략기획을 주요하게 다루는 이유는 전략기획을 아는 것이 회사 일을 잘하는 것을 넘어 좋은 성과를 내는 데 더없이 탁월하기 때문입니다. 회사를 자동차라고 비유한다면 전략기획은 회사의 큰 방향을 움직이는 핸들을 잡는 일이고, 다른 기획 직무는 자동차가 잘 굴러가기 위해 필요한 각 파트를 담당하고 있습니다.

마케팅기획도 그중 하나입니다. 마케팅기획은 크게는 '고객에게 어떻게 인지될 것인가'부터 CRMCustomer Relationship Management(고객관계관리)의 정책을 정하거나 프로모션을 계획하는 일을 합니다.

회사 시스템에 따라서 마케팅기획이 전략기획의 일부 영역을 담당하기도 합니다. 시장 내에서 상품이나 브랜드를 어떻게 포지셔닝할지 조사하고 결론을 도출하는 일은 전략컨설팅과 비슷합니다. 또한 마케팅을 하는 데 들인 비용 대비 얼마나 높은 이익과 매출을 거두었는지도 측정과 평가가 필요한 부분이기에 관리회계 영역과도 일부 맥이 닿아 있습니다.

상품기획과 서비스기획은 각각 상품과 서비스를 무엇을 만들 것인지 또는 기존에 출시된 것을 어떻게 유지하고 더 개선할 것인지 계획을 짜고 실행까지 연결하는 역할을 합니다. 구체적으로 보면 상품기획은 시장에 판매되는 상품을 조사하고 트렌드를 살핀 다음 어떤 새로운 상품을 내놓을 것인지를 정하는 일입니다. 텔레비전부터 의류는 물론 모든 의식

주에 이르기까지 상품기획이 존재하는 산업의 영역은 방대합니다.

서비스기획은 대부분 IT회사에서 사용자에게 맞는 서비스를 개발하는 것으로 시작해 사용자의 취향과 행동에 맞는 앱App이나 웹페이지 설계, 디자인 등에 대해 기획하는 일로 볼 수 있습니다. 최근 고객이 폭발적으로 증가한 이커머스electronic commerce의 UI/UX를 기획하는 역할이 이런 종류라고 보면 됩니다.

재무기획은 기업에서 거래되는 모든 돈과 관련된 일을 담당합니다. 돈을 빌리고 갚는 일에 대한 결정부터 현재 영업 활동에서 나타나는 숫자들을 보면서 어떤 방향으로 비즈니스를 기획해야 재무적인 성과로 만들 수 있을지 제언하는 역할도 합니다.

회사에 따라 재무기획은 경영기획이라고도 불립니다. 주로 관리 역할이 높을 때 이렇게 부르는데, 경영계획을 세우고 계획에 들어가는 매출과 비용 등을 작성하며 실제로 맞게 작동하는지 모니터링하고 투자 계획을 심사하는 역할을 맡고 있습니다.

이렇게 설명하다 보면 끝이 없을 정도로 기획 직무는 너무나 많고 다양합니다. 하지만 자세히 보면 기획 직무의 상당수가 아이디어를 짜내는 것보다 기존 업무의 방향성을 설정하고 과거나 시장으로부터 근거를 찾아 비교적 투명하고 상대방이 이해할 만한 수준의 프로세스를 거쳐 논리적 대안을 가져오는 역할을 한다는 것을 알 수 있습니다.

화가 파블로 피카소Pablo Picasso가 "유능한 예술가는 모방하고, 위대한 예술가는 훔친다Good artists copy, great artists steal"고 말한 것처럼 기획자의 결과물은 대부분 기존에 있던 것의 변주입니다. 대부분의 직무에서 그 변주하는 역할을 하는 게 기획자의 능력이고, 회사에서 여러분에게 기대하는 역할입니다.

특히 전략기획은 기업 구성원 모두의 공감이 필요합니다. 사업이 추진되기 위해서 논리를 만들고 근거를 마련하는 전략기획 업무의 결과를 생각해본다면 모두가 듣고 타당하게 생각하는 적절한 프로세스는 투명성을 강화하는 필수 장치입니다. 그래서 잘된 전략기획서는 한 편의 유려한 논문에 가깝습니다. 흔히 기획이란 단어를 들을 때 떠올리는 신선하고 '똘끼' 있는 창의적인 집합체는 아닌 것이죠.

이 이야기는 여기서 출발합니다. 보다 현실에 뿌리를 두고 높은 곳을 지향하는 일, 즉 전략기획을 알아야 일을 잘할 수 있는 현실에서부터 말이죠.

> **오늘의 숙제**
> 1. 내 일에는 (반복 작업이 아닌) 어떤 기획적인 요소가 있나요?
> 2. 기획의 아이디어를 얻기 위해 자주 참고하는 편집의 원천은 무엇인가요?

무에서 유를 만들기 위해서는
과거의 유를 보는 것이 중요하다.

02

왜 회사는
기획에 주목하는가

～～

전략기획자는 물론 기획자들이 회사의 중요한 직책을 맡거나 잘나가는 이유는 경영진의 눈에 일찍 든 이유도 있지만 회사에서 어떻게 일을 해야 인정받는지 알고 있기 때문입니다.

탁월한 기획자는 몇 가지 특징을 갖고 있습니다. 회사가 돌아가는 판을 잘 읽고, 논리적인 사고로 시장의 흐름을 분석할 수 있으며, 숫자로 말하고, 정확한 피드백을 통해 다음 방향을 제시한다는 것이죠. 주변에서 일을 잘한다는 평가를 받는 사람들의 특징이기도 합니다.

| 일 잘하는 사람만 아는 사고의 프레임 |

기획자는 회의 시간에 말이 많습니다. 생각의 속도가 빠르고 정리한

내용이 경영진의 입맛에 맞는 말이 많습니다. 어떤 부서에서 일하든 커뮤니케이션을 피할 수 없습니다. 특히 관리직들로 이뤄진 회사 업무의 대부분은 커뮤니케이션과 결정이죠. 영업이든 마케팅이든 커뮤니케이션을 잘해야 좋은 평가를 받는 것이 현실입니다.

보고서도 그중 하나입니다. 보고서 몇 장을 타이핑하는 것이 뭐 그리 대단한 일이냐며 평가절하하는 사람도 있지만, 보고서 한 장도 제대로 만드는 것은 쉬운 일이 아닙니다.

혁신적인 기업 문화를 추구하는 아마존Amazon도 보고서를 없애진 못했습니다. 오히려 하나의 논문을 만들어야 했죠. 파워포인트로 도식화하는 고민 대신 A4 용지에 몇 장의 분량으로 자신의 생각을 저널로 정리해서 미리 나눠 주고, 회의 때는 저널의 궁금한 점을 묻고 답하는 것으로 커뮤니케이션 효율을 높였습니다. 커뮤니케이션을 피하는 것이 아닌 더 잘하기 위한 방법을 찾는 것이 스타트업에서도 바라는 문화입니다.

사고의 프레임은 커뮤니케이션에서 대단히 중요한 역할을 합니다. 단기간에 자신의 생각대로 조직의 아젠다agenda를 움직이게 할 수 있고, 내게 유리한 판으로 동료들의 동의를 이끌어낼 수도 있습니다. 또한 경영진의 생각대로 이야기하기에 보고가 순조롭게 진행되며 다른 사람보다 돋보일 수도 있죠.

기획자가 좋은 성과를 내는 주요 방법인 회사의 판을 읽는 것, 시장을 분석하는 것, 숫자로 말하는 것, 피드백을 잘하는 것 모두 커뮤니케이션과 깊이 연관되어 있습니다. 그리고 그 밑바탕에는 사고의 프레임이 깔

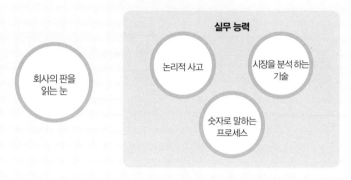

커뮤니케이션을 이끄는 경영 이론

실무 능력

회사의 판을
읽는 눈

논리적 사고

시장을 분석 하는
기술

숫자로 말하는
프로세스

려 있습니다. 사고의 프레임은 바로 경영 이론들입니다.

전략기획은 경영 이론을 통해 사고의 프레임을 단단하게 만들었습니다. 경영 이론은 경영자나 리더가 기업을 어떻게 관리해야 하는지를 시대상에 맞게 정리한 내용입니다. 시장 환경과 경쟁의 강도가 변화됨에 따라 기업에서 중요하게 다뤄야 하는 경영의 주제가 달라졌습니다.

20세기 초 시장에서는 작업과 보상의 효율에만 관심을 가져도 판매에 지장이 없었기 때문에 노동 효율에 대한 이론들이 많았습니다. 하지만 오일쇼크oil shock를 겪고 미국과 일본 등 글로벌 경쟁이 본격화된 1970년대 이후부터는 시장 분석, 경쟁 전략 등 기존에 다루지 않던 내용들을 경영의 주제로 다루기 시작했습니다. 이 시기 기업에서는 경쟁사와의 우위를 끊임없이 비교분석한 보고서가 각광받았습니다.

1990년대에 이르러서는 기업마다 고유한 역량을 구축하는 것이 중요

20세기 초반	1970~1980년대	1990년대	2000년대 이후
노동 효율	시장 경쟁 전략	기업 역량 분석	문화 혁신
테일러식 경영 관리	포지셔닝, 차별화	TOC, BPR	애자일, 린 스타트업

하다는 인식이 퍼졌습니다. 지속적으로 고객에게 경쟁우위를 가져가려면 브랜딩이나 차별화된 기술 혁신이 필요하다는 사실을 알게 된 것이죠. 내부 프로세스를 죽 늘어놓고 어디를 바꿔야 할지, 고객 인식에서 포지셔닝 전략을 어떻게 할 것인지에 관한 논의가 많았습니다. 최근에는 기업 문화로까지 논의가 더 깊어지고 있습니다.

경영 패러다임을 살펴봐야 하는 이유는 기업에서 사람들이 이 프레임으로 대화를 하고 궁금해하기 때문입니다. 기획자는 경영자를 위해 경영 패러다임에 맞는 전망과 분석을 보고합니다. 시대의 변화에 맞게 화두를 꺼내지 못하면 엉뚱한 이야기를 하는 사람으로 보이기 십상인 것이 기업의 내부 문화입니다.

그렇다고 모든 경영 이론을 다 알 수는 없습니다. 그러기에는 너무 많은 시간이 필요하죠. 일선 현장에서 기획자가 성과를 내는 데 많이 쓰는 경영 이론과 그것을 활용한 국내외 기업들의 사례를 아는 것이 중요합니다. 전략기획자들과 커뮤니케이션하다 보면 그들의 말에서 우리가 함께 찾아야 할 베스트 프랙티스Best Practice를 발견할 수 있습니다. 몇 가지 경영 이론에 최근 콘텐츠를 채워 말할 수 있다면 기획을 잘하는 것을 넘어 사고의 프레임을 갖춘 일 잘하는 사람으로 평가받을 수 있습니다.

| 회사의 판을 읽는 눈 |

회사가 돌아가는 흐름을 아는 것은 어디서 뛰어야 골을 넣을 수 있는지 아는 것과 같습니다. 즉 '회사의 판'을 잘 읽어야 인정받고 발언과 결정할 수 있는 기회를 가질 수 있습니다. 기업의 고객은 소비자지만 실제 나의 고객은 나와 일하는 상사와 동료들이니까요.

회사의 판을 읽기 위해서는 몇 년 치의 경영계획을 보는 방법, 조직 개편을 통해 인재 유형의 변화를 관찰하는 방법, 일을 만들고 확산하는 패러다임을 아는 것 등이 있습니다. 경영계획을 본다는 것은 기업의 향후 방향을 아는 일입니다. 하지만 많은 사람에게 경영계획은 매년 말에 의례적으로 만드는 요식행위에 불과합니다. '답정너'인 작년과 반복인 계획을 복사, 붙여넣기로 만들어내는 데 이골이 난 까닭입니다.

하지만 경영계획을 기업 구성원 모두가 진정성을 가지고 만들면 전혀 다른 회사가 될 수 있습니다. 적자에 허덕이며 법정 관리까지 들어갔다가 회생한 일본항공JAL이나 사업 모델을 피벗Pivot해서 성공한 스타트업 기업이 된 직방 등 앞으로 회사의 경영계획에 따라 결과가 달라지는 사례들을 자세히 소개하겠습니다.

또한 회사의 경영계획에 따라 내가 할 일도 달라집니다. 경영계획이 아젠다에서 실행으로 이어지는 데는 과학적이고 세부적인 관리 기술이 필요합니다. 하버드비즈니스스쿨의 로버트 캐플런Robert S. Kaplan 교수가 주장한 'BSCBalanced Scorecard'는 현대 기업에서 쓰는 경영 관리의 출발점이 된 대표적인 모델입니다. 경영 성과 측정 도구로써 최종 지표인 매출과 이익부터 그것을 만들어가는 세부 지표인 KPIKey Performance Indicator까지 연결된 성과 관리 체계입니다.

이 책에서는 BSC에서 강조하는 4가지 요소인 재무적 관점, 고객 관점, 업무 프로세스 관점, 학습과 성장의 관점이 제대로 이뤄지고 있는지 생각해보고, 매년 새롭게 업무를 만나게 되는 여러분이 놓치지 말아야 할 것은 무엇인지 균형 있게 생각해보는 시간도 가질 예정입니다.

| 논리적 사고 |

실무에서 가장 먼저 알아야 할 것은 '논리적 사고'입니다. 현실을 그냥 보는 것이 아닌 일정한 관점을 가지고 볼 때 인사이트가 생깁니다. '가설 사고'는 컨설턴트들에게 많이 훈련시키는 사고법입니다. 최적을 답을 찾기 위해 행동하기 전 미리 검증할 가설을 세우고 현장에 나갑니다.

'3C'는 맥킨지 컨설턴트 출신인 오마에 겐이치大前研一가 1982년 출간한《기업경영과 전략적사고》에서 주장한 이론입니다. 고객과 경쟁사를 분석하고 자사의 강점을 활용해 다른 경쟁자보다 고객 욕구를 만족시키는 전략을 도출하는 방법입니다.

'MECE^{Mutually Exclusive Collectively Exhaustive}'도 논리적 사고를 설명하는 데 필수적인 개념입니다. MECE는 하나의 현상을 분석할 때 세부적으로 나눠 정말 중요한 것이 무엇인지 찾는 방법으로 '겹치지 않으면서 빠짐없이 나눈 것'을 의미합니다. 이외에도 '3-Horizons' 등 사고의 프레임을 알면 기획자의 창의성이 어느 날 갑자기 생긴 아이디어가 아니라 오랜 로직^{logic}에서 나온 것임을 이해하게 될 것입니다.

미국 군인들은 작전 후 자신의 행동에 대한 피드백을 통해 다음 작전에서는 더 나은 방법을 찾는다고 합니다. 피터 드러커도 피드백을 '성과를 높일 수 있는 유일하고 확실한 학습 방법'이라고 강조했습니다. 회사에서 더 나은 퍼포먼스를 위해 '피드백을 통한 교훈^{Lessons Learned}'을 적극 활용할 필요가 있습니다. 앞으로 피드백을 하려면 무엇이 선행되어야 하는지 그리고 피드백한 내용을 토대로 다음 계획에 반영하는 법까지 함께 살펴보겠습니다.

| 시장을 분석하는 기술 |

기획자는 한 부분이 아닌 전체적인 시각에서 외부 기회와 내부 역량

을 비교하고 계획하는 직무입니다. 기업 내 다른 직무와 가장 큰 차이를 보이는 점입니다. 회사의 판을 읽었다면 회사의 관점에 맞게 시장을 분석하는 기술이 필요합니다.

논리적 사고가 탑재된 상태에서 시장을 구분하는 방법을 아는 것은 경쟁 관계 속에서 나의 역할을 정의하는 단서가 됩니다. 보편적으로 구분할 수 있는 기준을 정하는 것이 중요합니다. 어떻게 시장을 나누는지에 따라 전혀 다른 해석을 할 수 있기 때문입니다. 고객 조사도 시장을 보는 좋은 출발점이 됩니다. 맥킨지나 P&G 등 글로벌 기업들의 설계하는 법, 인터뷰하는 법, 자료 해석하는 법을 내 업무에 적용한다면 보다 정확한 방향을 찾을 수 있습니다.

인사이트를 고객과 시장에서 찾는다고 해서 실무가 보이는 것은 아닙니다. '기업 역량 분석'이라는 마지막 단계를 거쳐야 합니다. 누구에게나 좋은 것이 아닌 나에게만 좋은 것을 찾는 일이 전략의 시작입니다.

베인앤컴퍼니의 크리스 주크가 강조한 핵심 역량 개념을 제대로 알면 인사이트를 실행으로 연결할 수 있습니다. 여기에서도 세계 최고 기업들의 사례를 알면 방법을 세우는 데 도움이 됩니다. LG나 보다폰Vodafone 등 글로벌 기업들은 매년 우수 사례를 내부에서 찾아 전사적으로 확산하는 데 많은 에너지를 쓰고 있습니다.

이 책에서는 시장에서 인사이트를 찾는 방법부터 실행안을 수립하는 과정까지 기획자가 채택하는 방법을 순서대로 살펴볼 것입니다.

| 숫자로 말하는 프로세스 |

자신의 생각을 숫자로 말할 수 없다면 실적을 만들어내도 해석할 수 없는 사람입니다. 기업은 이익 추구를 위해 모인 집단입니다. 숫자로 말할 수 없다면 좋은 아이디어도 힘을 잃어버립니다. 숫자는 근거의 핵심입니다. 그렇기에 KPI부터 재무 분석, 빅데이터 분석까지 숫자를 다루는 업무는 늘 기업의 핵심이면서 고정적으로 존재합니다. 만약 숫자 울렁증이 있다면 높은 자리까지 올라가기 위해 필요한 역량 중 치명적인 한 가지가 부족한 것이 됩니다.

KPI는 직장인들이 가장 많이 접하는 동시에 가장 많이 스트레스를 받는 대표적인 숫자입니다. KPI는 피터 드러커가 주장한 MBOmanagement by objectives, 최근 주목받고 있는 OKRObjectives and key results과 함께 성과 관리의 핵심으로 받아들여지고 있습니다. 결국 KPI는 매출과 이익이라는 재무 실적을 얻기 위한 중간 과정을 정의한 것입니다. 실적을 분석하고 만드는 방법을 모른다면 기업에서 다뤄지는 모든 판을 절반만 알고 있는 것입니다. 미시적인 숫자 체계는 알지만 정작 큰 그림은 보지 못하는 것이죠.

재무 이론에서 공통적으로 주장하는 원리를 이해하면 영업이익을 만드는 주요 패턴들을 비교해보면서 이익을 내는 큰 방향을 알 수 있습니다. 개리 해멀Gary Hamel 런던비즈니스스쿨 교수의 기업 구조 혁신, 조너선 번즈Jonathan L. S. Byrnes MIT 교수의 수익 분석, 맥킨지가 주장하는 매출의 등급 이론 등을 바탕으로 질 높은 성장을 위해 우리가 준비해야 할 것이 무엇인지 함께 알아보겠습니다. 아울러 단순한 과거와 현재 실적의 집계에서 손쉽게 예측으로 나아가는 방법도 팁으로 다루고자 합니다.

이 장은 이 책의 예고편으로 앞으로 중점적으로 다룰 내용들의 개념을 간단히 알아보는 시간을 가졌습니다. 처음에는 용어들이 어렵고 복잡해보이지만 자주 접하면 자연스럽게 익숙해질 것입니다. 이외에도 효율적인 보고서 작성법, 학습을 통해 일 잘하는 커리어로 성장하는 과정 등 직장인으로서 성공적인 퍼포먼스를 내기 위한 실제적인 방법들을 소개하겠습니다.

> **오늘의 숙제**
> 1. 회사가 따르고 있는 경영 패러다임은 무엇인가요?
> 2. 회사가 내게 바라는 목표와 기대하는 내용은 무엇인가요?

기업의 고객은 소비자지만
실제 나의 고객은 나와 일하는 상사와 동료들이다.

회사의 경영계획에
민감해져라

경영계획은 기업의 전략을 주주와 구성원들에게 공표하는 선언문입니다. 사업의 비전부터 당기에 집중해야 할 전략 방향, 이를 측정할 수 있는 목표 숫자와 언제까지 무엇을 할지 정리한 구체적인 실행계획들을 망라하고 있습니다. 그래서 대부분의 기업에서는 대외비로 관리하고 있죠. 기업에 따라서 내부에서도 경영계획 파일 열람에 제한적인 곳도 있습니다.

이렇게 중요한 경영계획은 주로 전략기획, 경영기획 같은 기획자들에 의해 만들어집니다. 사업의 세부적인 정황을 확인하기 위해 일부 실무자들이 경영계획 수립 과정에 참여하기도 하지만, 이미 벌어진 일 외에 다가올 일을 예측하고 전사적 자원 중 우선순위를 정해 계획을 수립하는 일은 기획자의 몫입니다. 그래서 기획자는 회사의 중요 정보를 잘 알고 있습니다. 정보력은 기획자의 중요한 무기입니다.

일본항공을 법정관리에서 회생시킨 이나모리 가즈오 稲盛和夫 회장은 회사를 살리기 위해 경영계획 작성 방식을 개편했습니다. 경영기획팀이 일방적으로 목표 숫자를 만들고, 경영계획과 상관없이 늘 관성대로 돌아가던 현장에 결정권을 위임하며 현장이 주도해서 경영계획 자체를 기획하게 했습니다. 실무자 한 명이라도 자신이 무슨 일을 해야 하며 그것이 어떤 성과로 측정받을 수 있는지 알고 있어야 회사가 제대로 돌아간다고 판단했던 것이죠.

경영계획을 제대로 안다는 것은 결국 회사를 이해한다는 말입니다. 즉 회사가 어떤 방향으로 전략을 잡는지 알게 되는 것입니다. 마침내 일본항공은 수익이 낮은 장거리 노선 몇 개를 없애고 수익성이 높은 단거리 노선 운항 횟수를 늘리며 사상 최고치의 영업이익을 기록했습니다.

기존처럼 실무자가 경영계획에서 벗어나 있었다면 회사가 가고자 하는 방향을 모르기 때문에 단거리 노선에 집중해야 하는지 장거리 노선 고객을 모으는 데 총력을 기울여야 하는지 전체 판을 읽지 못하는 것은 물론 자신의 성과를 챙기는 것 또한 무척이나 어려운 일이었을 겁니다. 그저 열심히만 일해서는 성과를 만들기 어려운 구조였죠.

| 회사의 판을 읽는 경영계획 |

경영계획 작성에 있어 표준적인 매뉴얼은 없습니다. 보통은 작년에 쓴

템플릿 위에 새로운 계획을 세우는데, 대부분의 기업이 목표를 사전에 설계한 후 목표에 따른 경영계획과 실행을 강조하는 MBO와 성과 관리 체계인 BSC 방식에서 많은 영향을 받았습니다. 같은 철학을 공유하고 있는 두 이론의 공통점은 분명한 목표가 있어야 측정할 수 있고 개선할 수 있다는 것입니다.

특히 로버트 캐플런 교수가 제창한 BSC는 현대 경영계획의 틀을 이뤘다고 볼 수 있습니다. 물론 최근에는 경영계획 같이 장황한 기획이 불확실성의 시대에 무슨 의미가 있느냐고 반문할 수도 있지만, 모든 구성원과 주주에게 메시지의 역할로 기업의 비전을 재정의하고 세부적인 조직의 전략까지 연결시킨 경영계획은 대부분의 기업에서 아직 작성되고 있습니다.

BSC는 크게 4개의 축으로 이뤄져 있습니다. 재무적 목표, 고객을 위한 전략, 내부 프로세스, 학습과 성장이 그것입니다. 비록 실전에서 많은 기업이 경영계획을 작성할 때 개인의 재무 성과와 고객 전략에만 집중하는 경향이 없진 않지만 기본적으로 이 4가지 프레임을 포함하기 위해 많은 노력을 하고 있습니다.

내부 프로세스를 개선하기 위해 물류나 정보처리기술에 투자하기도 하고, 학습과 성장을 위해 직원 교육이나 발탁을 꾀하는 기업도 많습니다. 그래서 이 4가지 프레임이 흘러가는 방향을 보면 회사가 어떤 판을 준비하는지, 또 내가 할 일은 무엇인지 생각해보는 단서가 됩니다. BSC는 한 번 작성하고 마는 계획이 아니라 유기적으로 작성과 피드백이 이뤄지는 플랫폼이기 때문이죠.

　계획과 세부 목표를 세우는 것을 시작으로 전략에 대한 피드백과 학습을 거치게 됩니다. 이 과정에서 경영계획은 전사적으로 공유되고, 개인이 실행할 전술이 정해지며, 학습할 대상이 선정됩니다. 일본항공이 큰 위기를 맞았던 건 바로 이 첫 부분이 제대로 이뤄지지 않아 실무자가 회사의 비전을 모르고 전략을 잃었기 때문입니다.

　이렇게 공유된 내용은 비전과 전략이 명확해지며 구성원들의 합의를 얻게 됩니다. 단순한 구호에서 실행안으로 바뀌는 순간이죠. 합의된 내용이 의사소통을 거치면서 목표 설정으로 이어지고 성과 측정 지표에 맞는 보상 설계로 연결되면서 마지막 실행으로 이어지는 것이 경영계획의 순서입니다. 매년 연 단위로 경영계획을 수립하고 있다면 이번과 다음 해의 경영계획 사이에 어떤 과정들이 지나갔는지 잘 살펴보는 게 필요한 이유입니다.

　BSC의 4가지 프레임과 경영계획이 유기적인 플랫폼이라는 전제하에 여러 기업의 경영계획 아젠다를 살펴보며 실질적으로 기업이 변화하는 과정을 추적해보겠습니다.

　다음은 부동산 스타트업 직방의 시기별 고객 전략 변화를 순서대로 기술한 내용입니다. 경영계획 아젠다에 아래와 같은 내용이 순차적으로 일어난다면 우리는 어떤 일을 준비하는 게 좋을까요?

　A. 20~30대 고객의 중개수수료 부담을 없애주기 위해 임대인과 임차인

이 직거래할 수 있는 플랫폼을 만들자.

B. 공인중개사의 매물을 등록하고 매물 광고비를 받자.

C. 원룸·투룸 시장 정보를 제공하는 것에서 아파트로 확대하자.

D. 부동산 시장 데이터 솔루션 기업이 되자.

처음 직방이 BSC 관점에서 고객 전략으로 내세운 아젠다는 젊은 고객의 중개수수료를 없애고 직거래 서비스를 하는 플랫폼이었습니다. 연역적으로 고객들의 고충 지도를 그리고 그것을 해결하는 솔루션을 만든 것이죠. 하지만 시간이 지나도 의도한 거래량이 나오지 않자 원인을 파악하기 시작했습니다. 그리고 중개수수료가 주는 리스크 헤지hedge 비용에 대해 인식하면서 사업 모델을 바꿨죠.

직방은 수익이 발생하는 원천을 임대인과 임차인이 아닌 첫 모델에서 배제한 부동산 공인중개사로 바꿨습니다. 하나의 광고 플랫폼이 된 것이죠. 이때부터 달라진 서비스를 알리기 위해 직방은 텔레비전 광고를 하며 많은 고객의 유입을 꾀합니다. 그다음 부동산의 가장 큰 시장인 아파트까지 확장합니다. 최근에는 실거래가 서비스로 잘 알려진 부동산 플랫폼 호갱노노를 인수하면서 부동산 관련 데이터 솔루션 기업으로 비전을 재정의하고 있습니다.

이런 변화 과정에 맞게 직원은 어떻게 일을 해야 잘하는 것일까요?

회사가 알고 싶은 것은 전략이 시장에서 통할 수 있다는 확신입니다. 가설은 경영진의 판단으로 경영계획에 넣을 수 있지만 실제 고객이 그 것을 원하는지는 알기 어렵습니다. 그래서 TOP-DOWN으로 세워진 전 략에 대한 고객 니즈 검증이 필요합니다. 고객 로그 데이터까지 수집해 서 취향을 파악하는 빅데이터는 이런 불확실성 때문에 최근 각광받는 분야가 되었습니다. 빅데이터가 아니라면 고전적으로 해당 분야의 전문 지식과 경험이 신뢰를 뒷받침합니다. 회사가 경영계획으로 새로운 아젠 다를 세우면 아직 100%의 확신은 없다고 봐야 합니다.

직방도 처음부터 젊은 고객에게 중개수수료 없는 사업 모델이 100% 먹힐 거라고 생각하지는 않았을 것입니다. 사업이 늘 그렇듯 가설과 검 증으로 이뤄지는 게 일련의 과정이니까요. 실력 있는 실무자라면 가설이 세워지기 전에 이미 충분한 고객 조사를 했겠죠. 하지만 실무를 추진하 기 위해서는 세부 디테일에도 고객 조사가 필요합니다.

어느 지역부터 조사를 시작해야 하는지, 어떤 형태로 플랫폼을 만들 어 트래픽을 발생시켜야 하는지, 각 디테일을 기획할 때 고객 니즈를 반 영해서 추진해야 합니다. 아젠다가 나오기 전후로 회사가 주목하고 있 는 사업에 고객이 어떤 생각을 갖고 있는지 충분히 조사할 필요가 있습 니다.

2. 관계 법률과 해외 사례를 검토하라

공인중개사가 없는 사업 모델을 구축하려는 부동산 중개에 관한 법률을 파악하고 있어야 합니다. 회사가 추진하려는 사업을 많이 알수록 일이 쉬워지고 인정받게 됩니다. 새로운 이슈를 선점하는 쪽은 조직에서 유리합니다. 해외의 유사한 사례를 조사하고 공유해서 업무 주도권을 잡을 수도 있습니다. 반면 법령을 모르면 새로운 사업을 기획할 때 소외될 수밖에 없습니다. 최근에는 개인정보보호 등 빅데이터 이슈의 법령이 주목받고 있습니다. 기술 변화에 따른 사업 모델이 사업화될 수 있는지 법을 아는 것은 실무에서 무척 중요합니다.

3. KPI 목표 대비 실제 추세를 주목하라

20~30대 고객이 얼마나 많이 유입될지를 파악하기 위해 초기 가설을 검증하는 것은 중요한 부분이었을 겁니다. 하지만 직방은 목표한 숫자 대비 실적이 나오지 않아 모델을 전환할 수밖에 없었죠. 계획한 KPI에 비해 하루에 실적이 얼마나 나오는지 주목해야 하는 이유입니다. 실적이 나오지 않는 상황을 대비해 대안을 준비하는 사람과 그렇지 않은 사람은 조직에서 입지가 다를 수밖에 없습니다.

4. 변화가 예상되는 방향의 기술을 준비하라

회사가 부동산 중개업체에서 광고를 받는 사업 모델로 바꾸고, 데이터 플랫폼으로 변화할 계획을 알았다면 직원도 변화할 회사의 모습을 준비해야 합니다. 전문적인 과업이 있다면 전문성을 발전시키고, 관리직이라면 나중에 할 공부를 미리 한다고 생각하며 관련 기술이나 실무를 익혀두는 것이 바람직한 자세입니다. 적어도 데이터 아키텍처Data Architecture를 이해한다면 같은 관리직이라도 회사가 돌아갈 방향을 잘 알 수 있을 겁니다.

　인재는 스스로 정하는 것입니다. 반드시 지금 회사에서 미래를 정할 필요는 없지만, 재직 중인 회사를 알고 맞추는 게 손해되는 일은 결코 아닙니다. 경영계획은 그 출발점입니다. 회사의 판은 우리가 일할 때 어떤 것을 중점적으로 말해야 하고 의사결정의 기준을 어디에 둬야 하는지를 알려줍니다. 물론 경영계획 외에도 성공의 힌트는 많습니다.

　다음 장에서는 실무자들이 쉽게 접근하기 힘든 아젠다보다 더 직관적인 내용으로 회사의 판을 읽는 방법에 대해 설명하겠습니다.

오늘의 숙제

1. 최근 3년 동안의 경영계획서를 읽어봅시다. 회사가 집중하고 있는 부분은 무엇인가요? 또 내년에는 어떤 추세로 계획이 정해질 것 같나요?
2. 회사가 지향하는 방향을 생각해볼 때 현재 내 일과 내가 갖춘 지식은 어떻게 변해야 할까요?

회사에 관한 정보력은 기획자의 중요한 무기다.

04

조직 개편이 이뤄지는
조직도를 해석하라

〰〰

회사가 돌아가는 상황을 가장 잘 보여주는 대표적인 자료 중 하나가 조직도입니다. 조직도는 회사에서 중요하게 생각하는 것이 무엇인지, 어떤 사람을 인재라고 평가하는지가 직관적으로 나타나 있습니다. 조직도를 대외비로 다루는 이유도 기업의 사업 전략이 고스란히 드러나 있기 때문이죠.

　그러나 대부분의 사람은 조직도를 잘 읽지 못합니다. 조직도를 직접 만들어보지 않았기 때문입니다. 전략기획자는 조직도를 만드는 데 깊이 관여되어 있습니다. 전략을 수립하고 실행할 때 가장 먼저 만나는 조직 중 하나가 인사 관련 조직이기 때문입니다.

　새로운 사업 조직을 만들거나 사업 포트폴리오를 조정해야 할 때, 비용 대비 이익이 부족할 때, 기업 역량을 확보하는 아젠다를 수립할 때 등 기획은 인사와 함께 일하는 경우가 많습니다. 그래서 전략이나 사업 기획을 오래한 사람은 인사에 대한 기본적인 철학과 이해를 갖추고 있는 경우가 많습니다.

| 회사에서 주목받는 조직은 따로 있다 |

회사는 리더leader와 팔로워follower를 명확히 구분합니다. 효율을 위해서죠. 세계적인 기업 컨설턴트였던 램 차란Ram Charan은 리더가 다른 직원과 다르게 가져야 할 경영 감각과 리더를 구분하는 방법을 소개하면서 〈타임스〉 선정 '50대 경영 사상가'에 들기도 했습니다.

램 차란은 리더의 자질을 '사람 통찰력'과 '사업 통찰력'을 겸비한 사람으로 정의합니다. 그리고 그런 사람을 입사 후 3년 이내에 선별하여 인재군을 만들고 집중적으로 양성하여 차기 리더를 만들 것을 강조합니다. 인재를 양성하는 방법은 철저한 도제식 모델apprenticeship model을 통한 실전적 경험의 전수죠. 즉 사업을 통해 돈 버는 능력과 사람들의 에너지를 활용하는 방법을 잘 아는 사람을 찾아 되도록 빠른 시간에 작은 리더십이라도 맡겨보는 것입니다.

많은 회사가 이런 사상을 따라 리더 후보를 양성했고, 특히 GE나 P&G 등 미국 제조업을 중심으로 이런 움직임이 확산됐습니다. 많은 리더를 초기에 관리하고 인재 파이프라인leadership pipeline이 끊어지지 않도록 관리했습니다. 인사 조직의 중요한 업무 중 하나가 리더 후보들이 게

속 나오도록 채용부터 교육, 조직화를 연속하는 것이었으니까요.

램 차란의 사상은 고유한 기업 문화를 만들어야 한다고 주장했던 짐 콜린스Jim Collins 같은 1990년대 경영 사상가들의 주장과 시너지를 내며 순혈주의 임원 발탁의 시대를 만들었습니다. 최근에는 경력을 통한 산업군 인재를 관리하는 것으로 확장되었지만, 아직도 국내 대기업의 대부분은 절반 이상의 임원을 내부 출신으로 양성해서 발탁하는 것이 현실입니다.

그렇기 때문에 조직도를 보고 누가 차기 리더인지 알 수 있어야 합니다. 소문이 아닌 적은 근속연수 대비 주요 의사결정을 내리는 자리에 있는 사람을 말이죠. 조직은 이 사람이 맡고 있는 사업에 당분간 자원을 투입하면서 실적을 지켜볼 것입니다. 즉 이런 조직이 투자를 받고 미래지향적인 과제를 하기 더 수월하다는 이야기입니다.

이 조직에서 과거 현상을 유지하는 수준의 혁신을 주장한다면 긍정적으로 평가할 경영진은 없을 것입니다. 보다 새로운 플랫폼이나 IT 기술을 활용한 프로세스 혁신, 신시장 개척 등을 주제로 기획해야 하는 사명을 갖고 있는 경우가 많기 때문이죠. 반대로 오래 회사를 다녔지만 정체된 리더의 조직은 현상을 유지하는 일이 대부분입니다. 새로운 아이디어가 묵살되고 투자를 통한 프로세스 혁신을 만들기에는 조직에서 많은 관심을 쏟지 않을 가능성이 높습니다.

조직도를 보면 회사에서 중요하게 생각하는 직무도 알 수 있습니다. 맥킨지에서 오랜 기간 인사컨설팅을 담당한 에드 마이클스Ed Michaels는 다양한 직무 경험으로 인재를 성장시키라고 조언합니다. 그의 대표작인 《인재전쟁》에서 경영진 양성은 훈련보다 직접적인 직무 경험이 더 효과적이라고 설명합니다.

그가 임원진과 중간관리자를 대상으로 진행한 설문조사를 보면 인재의 자기계발에 영향을 준 요인으로 코칭이나 피드백, 멘토링, 훈련보다 직무를 부여하는 게 낫다는 대답이 가장 높았습니다. 특히 특별 프로젝트를 진행하는 팀TFT을 운영하거나 특정 직무를 통해 핵심적인 스킬을 경험하는 것이 경영자를 양성하는 중요한 방법이라고 밝혔습니다.

대부분의 회사에서는 임원이 되기 위한 필수 코스 같은 것이 있습니다. 재무, 기획 등이 조직에서 공통적으로 중요하게 생각하는 보직이지만 인사나 해외영업, 주요 사업 관리자 등 기업의 역량이 어디에 있느냐에 따라 다릅니다. 단 기존에 임원을 많이 배출했던 직무를 거쳐 간다는 것은 어느 기업에서나 공통적입니다.

회사가 주목하는 것은 이 직무의 역량이나 이 조직의 사업 강화입니다. 만약 직업인으로서 전문가가 되는 것보다 회사에서 더 높은 자리에 오르는 것이 목표라면 회사가 강조하는 직무에 합류해서 성과를 인정받는 방법이 베스트입니다. 회사는 이 조직에 더 많은 예산 편성과 자율성을 부여하며 힘을 실어줄 테니까요.

앞서 램 차란이 말한 리더십 발탁이 사람을 중심으로 하고 조직이 따라오는 실세 조직을 찾는 방식이라면, 에드 마이클스의 방식은 직무를 튼튼히 정해놓고 사람이 이곳을 지나가는 것을 지켜보면서 실세 조직을 검증하는 것이라 볼 수 있죠. 대부분의 기업은 이 2가지 방식으로 리더를 키우고 사업의 경중을 정합니다.

| 자원을 어디에 집중할 것인가 |

몇 년간의 조직도를 보면 회사가 지향하는 바를 명확히 알 수 있습니다. 회사는 사업을 고전적인 'BCG 매트릭스^{BCG Matrix}'로 구분하고 자원을 철저히 약속된 방법으로 움직이죠. 예산이나 투자 같은 재무적인 내용은 개인 수준으로 알기 어렵지만 사람이 얼마나 줄었는지 얼마나 늘었는지는 쉽게 파악할 수 있습니다.

쉽게 말해 현재 흑자 폭이 큰 조직이라고 해도 향후 계획에서 우선순위에 밀린 조직은 사람을 줄이고, 당장은 수익이 낮지만 미래 투자 가능성이 높은 조직은 사람을 계속 늘려갑니다. 내가 속한 조직이 회사에서 어떤 포지션인지는 몇 년간의 구성원 변화로 보다 객관적으로 알 수 있습니다.

BCG 매트릭스는 흔히 알려진 것처럼 매출 성장률(시장 성장률)과 시장 점유율로 현재 사업의 위치를 평가하는 방식입니다. 보스턴컨설팅그룹^{Boston Consulting Group}에서 만들어졌다고 해서 'BCG'라는 접두어가 붙습니다. 점유율과 성장률이 모두 높다면 '스타^{star}'로 평가하며 기업의 자원을 집중합니다. 회사는 가장 검증된 리더십을 이 사업에 투입하고 자

• BCG 매트릭스

원을 들여 플랫폼의 성장과 수익을 함께 추구하는 전략을 수립해야 합니다.

클라우드 업계의 AWS Amazon Web Service가 얼마 전까지 이런 평가를 받았다고 생각합니다. 아마존 Amazon 의 사업 중 AWS는 클라우드 시장에서 높은 점유율을 보이며 이익의 상당한 비중을 차지했고 성장률도 꾸준히 이루고 있습니다.

반면 현재 점유율은 높지만 성장률이 낮은 사업은 '현금 젖소 cash cow'로 묘사합니다. 당장 이익 창출 능력은 보이지만 몇 년 뒤에는 실적이 감소할 것으로 예상되는 사업이죠. 이런 사업은 플랫폼을 바꾸는 전략을 무리하게 요구하지 않습니다. 무리하게 바꿔서 기업 실적의 상당 부분을 잃고 싶지 않기 때문이죠. 다만 이런 사업은 비용 절감 방안을 요구하면서 프로세스 효율화에 따른 인건비 절감, 부실 자산 매각 같은 플랫폼으로 즉시 확장할 수 있는 시장 개척을 요구받습니다.

프랜차이즈 사업이 현금 젖소에 해당됩니다. 특히 해외 진출에 문화적 제약이 많을 수밖에 없는 음식 프랜차이즈는 짧은 기간에 최대한의 실적을 거두려고 합니다. 당장 가맹점 수를 늘려 수익을 높일 수는 있지만 빠른 외식 트렌드의 변화로 장기적인 유지를 담보할 수 없기 때문입니다. 그래서 음식 프랜차이즈의 본사 비용은 절감에 대한 요구로 낮을 수밖에 없습니다.

점유율은 거의 없지만 성장률이 높은 '물음표question mark' 사업도 있습니다. 시장의 흐름은 성장할 것으로 예상되는데 조직에서 준비되지 않은 사업이죠. 빠른 시간 내에 자원을 풀어 높은 시장 점유율 상승을 추구하는 전략이 많습니다. 단 피터 드러커가 "경쟁자의 약점을 찾아 빠른 시간 내에 파고드는 방법을 택하지 못한다면 단 한 번의 기회마저 사라질 수도 있다"고 말한 것처럼 쉽지 않은 상황입니다.

마케팅의 고전 《포지셔닝》에서는 고객 인지 속에 '최초'가 아니면 1위를 하는 것이 매우 어렵지만 그래도 몇 가지 빈틈이 있다고 설명합니다. 30년이 넘은 고전이라 과거의 사례지만 물음표 사업에 여전히 시사하는 바가 많습니다. 이 책에서는 먼저 '크기의 빈틈'을 찾으라고 말합니다. 폭스바겐Volkswagen은 미국 시장을 공략할 때 "작게 생각하라Think small"라는 메시지로 차는 클수록 좋다는 당시 소비자의 인식에서 빈틈을 공략했습니다. 소형차는 경쟁사가 없었기에 효과가 있었습니다.

'고가의 빈틈', '저가의 빈틈' 전략도 있습니다. 어떤 제품의 카테고리에서 프리미엄 시장이나 초저가 브랜드가 고객에게 인지되어 있지 않다면 먼저 포지셔닝하는 것이죠. 물론 기업이 주장한다고 모두 고객에게 인지되는 것은 아닙니다. 가장 처음으로 고가나 저가를 주장해야 하며 고객이 제품을 선택할 정도로 양적으로 성숙하고 가격에 대한 설득력 있는 내용이 필요합니다.

이 책에서는 이외에도 성별, 시간, 용량 등 다소 기계적인 기준으로 빈 틈 있는 시장을 찾고 고객의 인지 속 '처음'을 차지하라고 설명합니다. 전형적인 기획자의 시장 구분법입니다.

BCG 매트릭스에서 가장 낮은 자리는 '개dog' 사업입니다. 오직 철수 뿐인 사업이죠. 이 사업을 맡은 조직에 속해 있다면 어서 빨리 다른 자리를 찾아야 합니다. 어떤 획기적인 기획을 하든 관리자들은 관심이 없기 때문이죠. 하지만 과거에 철수한 다른 사업보다 효과적으로 비용과 기업 브랜딩을 잃지 않으면서 철수를 진행한다면 관리 역량만큼은 조직에서 높게 평가할 것입니다. 그럼에도 조직에 속한 직원의 장래는 사업만큼이나 불확실합니다.

회사에서 사업 포트폴리오를 해마다 또는 분기마다 검토할 때 BCG 매트릭스 형태의 프레임이 늘 적용됩니다. 선택과 집중은 전략의 기본 명제니까요. 내가 속한 조직이 어떤 위치에 있는지 생각해보세요. 회사가 조직에 기대하는 방향에 맞는 기획안을 수립하는 것이 중요합니다. 플레이어는 필드 위에서 어떤 역할인지 이해하는 것에서부터 성과를 결정지을 수 있습니다.

BCG 매트릭스에 여러분의 회사 조직을 대입해봅시다. 이 조직에서 나는 어떤 역할을 하는 것이 가장 적절한가요? BCG 매트릭스를 이루는 시장 점유율은 전체 시장의 매출을 파악하지 않는 이상 정확히 알기 어렵습니다. 그래서 보통 매출 성장률로 구하거나 또는 이익이 더 중요한 성숙기 시장에서는 투하 자본 대비 이익률ROIC, Return on Invested Capital을 그 자리에 놓고 쓰기도 합니다.

참고로 ROIC는 세후영업이익을 투하 자본으로 나눈 것으로, 투하 자본은 쉽게 말해 이자가 발생하는 채무와 자본금을 합친 금액입니다. 즉 ROIC는 들어간 자본 대비 얼마나 이익이 나오고 있는지를 보는 지표를 나타냅니다.

자, 이제 회사 전체 사업의 매출 성장률과 매출액을 구할 수 있다면 모두 구하고 내가 속한 조직의 포지션을 봅시다. 매출액과 매출 성장률을 구했다면 분포가 어느 정도 눈에 들어올 것입니다.

샘플 데이터로 만든 다음의 차트를 보면 J사업의 실적이 가장 눈에 띕니다. 매출액도 600억 원 정도로 가장 높은데다가 매출 성장률도 5% 이상으로 준수한 수준입니다. 만약 J사업이 속한 시장 평균 매출 성장률이 이보다 훨씬 높은 수준이라면 기준을 이루는 선의 위치도 달라져야 하지만, (간단하게 그런 것을 고려하지 않고) 이 회사에서 영위하는 A부터 L까지의 사업이 모두 같은 시장 성숙도를 지나간다고 가정한다면 J사업은

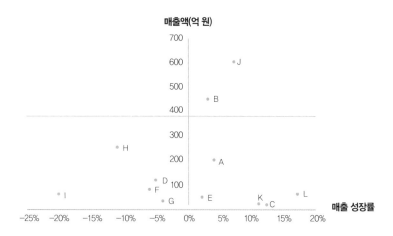

회사의 실적을 구성하는 아주 중요한 사업입니다.

그렇다면 J사업에 속한 조직원은 시장 개척과 새 고객을 어떻게 차지할 것인지에 대해 전략적인 목소리를 내야 합니다. 그것이 회사에서 원하는 방향입니다. 만약 회사 전체 상황이 좋지 않다고 해도 I, H 같이 매출과 성장률이 부족한 사업에 비해 원가 절감이나 광고비 절감을 요구하는 강도가 크지 않은 게 보통입니다.

반면 L사업은 매출 성장률이 급증하고 있지만 아직 매출액이 작은 사업입니다. 회사가 이런 조직에 요구하는 바는 현재의 높은 매출 성장률을 유지하면서 주주에게 안정을 주고 매출액 볼륨을 단기간에 높이는 전략입니다. 만약 해당 사업군에서 선두주자 또는 후발주자지만 침투를 잘하고 있다면 더 많은 사람을 투입하는 프로젝트가 주목받을 가능성이 높습니다.

한편 I, F, D가 속한 사업은 BCG 매트릭스에서 개에 해당합니다. 아무리 훌륭한 직원이 있어도 빛을 볼 가능성은 상대적으로 낮습니다. 이런 경우 비용 절감 방안을 내는 것에 주력하고, 회사에서는 수익 구조를 바꾸는 데 집중하도록 강요할 것입니다. 회사에서는 이 사업의 미래에 확신이 없는 경우가 많습니다. 매출액이 큰 상태라면 상대적으로 회사가 버리기 어렵겠지만, 매출액이 작은데 매출 성장까지 부진하다면 더 좋은 자리를 찾아가서 개인 역량을 펼치는 게 현실적으로 나은 방향으로 보입니다. 물론 케이스마다 다르지만요.

회사의 판을 읽고 자신의 위치에 대입해 '산업의 미래가 어디에 있는가'를 아는 것은 무척이나 중요합니다. 단순히 지난 결과인 숫자에 드러나지 않은 초점이 있습니다. 시장을 바라보는 눈은 그래서 중요합니다. 조직 개편을 보면서 변화 흐름을 파악하는 것은 회사의 습성이나 재무적 효율로 상당히 근거 있는 내용이지만 미래 모습까지 정확히 맞추기는 어렵기 때문입니다.

오늘의 숙제

1. 회사의 주요 사업을 BCG 매트릭스로 나눠봅시다. 내가 하는 일은 어디에 있나요?
2. 회사가 속한 산업군에서 가장 유망한 회사나 세부 업종은 무엇일까요?

회사가 일을 만들고
확산하는 방법을 이해하자

회사에서 이슈가 만들어지고 업무로 발전되는 원리가 있습니다. 업무는 회사에서 발전되는 철학 같은 것인데, 배후에 현대 경영학의 논리가 깔려 있습니다. 다른 회사를 다니는 친구들이 모여도 비슷한 상황에 공감하는 것은 회사가 일을 추진하는 원리가 비슷하기 때문입니다.

　어느 회사도 처음부터 막대한 예산을 들여서 무언가를 한 번에 만드는 법은 거의 없습니다. 회사는 철학에 맞게 일을 추진합니다. 만약 이런 원리를 모르고 회사를 다니고 있다면 회사가 돌아가는 것을 전혀 모르고 일하는 상태입니다. 회사는 이런 직원을 사업 감각이 없거나 일하는 방법을 잘 모르는 무능한 사람으로 평가할 것입니다.

　이 장에서는 오랫동안 사업을 기획하고 실행했던 전략기획자로서 회사가 일을 만드는 방법에 관해 설명하겠습니다.

경영전략서의 스테디셀러인《승리의 경영전략》에서는 전통적인 일하기 방식과 현재 일하는 방식의 기반이 된 '역설계reverse engineering'를 대조해 설명하고 있습니다.

전통적 일하는 방식은 기업 구성원의 동의를 생성하는 과정으로, 일의 결과나 결과물을 받는 고객 입장과는 다소 무관한 공급자 관점의 일하는 순서를 그리고 있습니다. 먼저 많은 연구를 진행합니다. 연구 결과 시장에서 고객의 수요를 창출할 것 같은 옵션이 개발됩니다. 그리고 이 아이디어를 실행시킬 예산을 산정합니다. 예산 대비 예측된 수요가 너무 적다고 판단되면 수익성을 맞출 수 있는 판매 가능한 아이디어를 다시 생각합니다.

몇 번의 시행착오를 거쳐 돈이 되는 사업 아이디어가 나왔다면 지금까지 나온 내용을 정리한 기획안으로 주요 의사결정자들을 설득하고 합의를 도출합니다. 이 과정에서 나온 피드백을 참고로 사업안이 몇 번이나 수정되기도 합니다. 관리자들과 합의를 마쳤다면 조직의 최고 의사결정권자에게 기안을 올리고 설득합니다. 여기까지 통과되면 구성원 전체에 실행 방안을 공유하게 됩니다.

이것이 1990년대 이전 기업에서 많이 진행했던 순서입니다. 시장이 양적 성장을 거두는 동시에 변화가 잦지 않은 상황에서는 문제될 것이 없는 방법이었죠. 주요 관리자와 합의가 되는 방안을 만드는 것이 무엇보다 중요했습니다. 그래서 이 프로세스에서는 사업 속도를 내기 위해 실무자의 아이디어를 최대한 줄이는 것이 요구됐습니다. 아무리 봐도 창조성을 발휘하기 어려운 구조였습니다.

하지만 최근 기업들이 채택한 '역설계'는 문제 해결에 초점을 맞춰 실무자의 아이디어를 극대화하는 방안입니다. 연구부터 시작하는 게 아니라 최종적으로 해결하고자 하는 문제를 먼저 정의하는 것이죠. 대부분의 고민은 고객의 새로운 수요입니다. 이 수요를 보는 많은 경쟁에서 우리가 어떤 구조를 갖춰 나아갈 수 있는지 세부적인 내용으로 문제가 정의됩니다.

정의된 문제는 처음부터 전담팀에서 브레인스토밍을 통해 몇 가지 대안으로 정리됩니다. 단 대안이 달성되기 위한 조건을 명확히 하는 작업이 따릅니다. 그중 어떤 조건이 큰 방해물인지는 정확한 팩트에 따라 정리됩니다. 방해물이 되는 내용을 파악했다면 테스트를 거치게 됩니다. 가장 확신이 낮은 조건을 먼저 테스트하여 가설을 검증합니다.

검증 결과가 나오면 핵심 조건들을 비교하고 선택하는 것으로 사업 아이디어가 정리됩니다. 한마디로 역설계는 문제부터 정의하고 대안을 가설로 만든 다음 테스트를 거쳐 선택을 합니다. 과학적인 방법입니다. 실제로 P&G는 화장품 브랜드 올레이Olay의 메스티지masstige(고가 브랜드에 비해 가격이 합리적이지만 품질은 매스 브랜드보다 월등히 높은 제품군) 가능성을 검증하기 위해 다양한 가격으로 상품을 만들어 고객에게 테스트했습니다.

역설계를 통한 경영 철학은 계속해서 발전해왔습니다. 대표적으로 미국의 디자인컨설팅기업 IDEO가 주장한 '디자인 사고design thinking' 전략입니다. IDEO는 애플Apple과 마이크로소프트Microsoft의 마우스, PDA, 의자 등 각종 디자인 혁신을 일군 기업입니다. P&G, 펩시Pepsi, 마이크로소프트 등이 고객으로 있으며 다양한 아이디어를 얻기 위해 여러 공학자와 디자이너가 함께 일하고 있습니다.

디자인 사고는 기존 방식의 개선이 아닌 완전히 새로운 것을 만드는 일입니다. 대중을 만족시키는 것이 아닌 극단적인 소비자를 찾아 그들을 만족시킬 방법을 찾고 제품이 아닌 솔루션을 제공하는 것에 주목합니다.

예를 들면 청바지를 슈퍼마켓에서 파는 방법을 생각하며 기존 유통망이 아닌 새로운 유통망을 찾고 제휴할 파트너 업체를 물색합니다. 새로운 제품보다는 새로운 시장을 창출하는 것에 주목합니다. 모든 부서가 하나의 마케팅 부서처럼 움직이는 전사적 마케팅을 통해 기업 자체가 브랜딩이 되도록 합니다. 가능한 한 고객이 체험하도록 하고 스토리텔링으로 다가갑니다. 혁신적인 디자인을 만드는 방법이죠. 하지만 디자인 방법론보다 경영 전략으로 더 많이 활용되고 있습니다.

특히 '어떻게how' 만들 것인가에 대해 디자인 사고는 아이디어가 떠오르면 즉시 실행에 옮기라고 말합니다. IDEO가 대중에게 깊이 각인된 것은 한 프로그램에 소개되면서부터입니다. 1999년 ABC 방송 〈나이트라인Nightline〉에서 방송된 'Deep Dive'라는 에피소드는 5일 안에 프로토타입proto-type의 쇼핑카트를 만드는 과정을 보여주며 반향을 일으켰습니다. 다양한 분야의 전문가로 이뤄진 작은 팀이 사무실에서 아이디어를 내고 그 자리에서 구할 수 있는 재료로 엉성하지만 제품의 가이드라인이 될 형태를 바로 만들었죠. 하나의 시제품을 만들기까지 엄청난 제작 기간을 거치던 당시 기업들은 장난치듯이 며칠 만에 새로운 디자인을 선보이는 것을 보고 큰 충격을 받았습니다.

오늘날 IT 기업을 중심으로 회자되는 애자일 조직 문화와 유사합니다. 폭포가 떨어지듯 한 단계를 거쳐야 다음 단계로 연결되는 전통적인 개발 프로세스가 아닌 최대한 빨리 결과물을 만들고 거기서 여러 번 수정하는 것, 캐주얼하지만 보다 더 고객 입장에서 만들 여지를 남기는 개발 방법, 그런 조직 문화의 심벌 중 하나가 IDEO입니다.

IDEO는 프로토타입 제작을 중요하게 생각합니다. 제품뿐 아니라 IT 서비스도 가상의 공간인 온라인을 활용해 먼저 만들어보길 제안합니다. 일단 만들고 난 다음 고객의 반응을 보며 개선할 내용을 확보해서 경쟁자가 단시간에 따라오지 못하도록 고객 니즈에 대한 해결 방안을 적용합니다. 정답이 없는 문제를 두고 설전을 벌이는 연속된 회의나 없는 상품이나 서비스를 상상하며 고객 조사를 진행하는 '포커스 그룹 인터뷰Focus Group Intervew' 방법에 비해 시간을 단축하면서 더 완성도 높은 결과물을 얻을 수 있습니다.

만약 오프라인 리테일을 하는 기업이라면 오픈하기 전 팝업 스토어pop-up store를 열고 고객의 반응을 확인하며 사전에 문제를 집중 점검할 수 있습니다. 게임은 베타테스트를 통해 유저들이 접할 복잡성을 미리 확인할 수 있습니다. 데이터 과학자는 A/B 테스트를 통해 더 높은 반응률을 보이는 UX 설계를 검증할 수 있습니다. 제품군별 매출이 적은 비수기를 활용해 몇 개의 채널에 사전 판매한다면 브랜딩을 해치지 않으면서도 고객의 반응을 미리 확인할 수 있습니다.

글로벌 패션 기업 자라ZARA는 프로토타입을 비즈니스 전면에 적용한 사례입니다. 한 번에 많은 제품을 만들어 재고 부담을 안고 있는 전통적인 패션 기업과 달리 자라는 일정 기간 매장을 유지할 만큼의 제품만 만들어 고객 반응을 테스트한 다음 초기 반응이 좋은 상품만 선별해 생산하는 방식을 채택했습니다. 재고율을 획기적으로 낮출 수 있는 방법이죠.

새로 생산 지시를 내리면 3~6주 정도의 짧은 기간 안에 세계 매장에 상품을 출고시킬 수 있는 혁신적인 생산 인프라의 도움이 크지만 매장 전체를 프로토타입으로 생각한 발상의 전환 자체가 오늘날 자라의 성공을 만들었다고 할 수 있습니다. 자라A의 창업주 아만시오 오르테가Amancio Ortega Gaona는 한때 세계 2위의 부자로 부상하기도 했습니다.

직장인이라면 오랜 시간 붙잡고 있던 기획이나 프로젝트를 고객의 피드백 한 번 받아보지 못하고 덮어버려야 했던 경험들이 있을 겁니다. 처음부터 결과를 정의하고 빠르게 프로토타입을 만들어 시장 반응을 보며 의사결정하는 방식을 채택했다면 달라질 수도 있었던 상황입니다.

실무적으로 하나의 업무를 어떤 프로세스를 통해 얻느냐가 역설계 또는 디자인 사고의 정신이라면, 그것 전체를 움직이는 것은 기업의 분명한 경영 철학입니다.

기업은 큰 의사결정을 할 때 정체성에 맞는 철학을 대부분 고수합니다. 예를 들어 사람은 어딜 가든 파레토 법칙의 영향을 받아 성과를 내고, 우열을 가려 관리자를 많이 만드는 것이 인사 철학에 있는 기업이라면 시대가 변해도 상대평가를 추종합니다. 싼 값으로 가성비를 내는 것이 시장에 대한 사명이라고 주장하는 기업이 있다면 의사결정을 내리는 철학은 항상 낮은 원가 구조를 만드는 데 있습니다.

매년 다른 이름으로 전략이 바뀔 수 있지만 보통 그것을 만드는 기업 정신은 같습니다. 공간을 넘어선 새로운 기술이 기업의 목표라면 지금도 비용을 들여 온오프라인의 많은 데이터를 수집해서 온디맨드on-demand 서비스를 만드는 의사결정을 각론으로 내리고 있을 것입니다. 그래서 기업의 철학은 구성원 모두가 알아야 하는 것입니다.

기업의 철학과 맞지 않는 의견을 말하는 것은 곧 자신이 회사와 맞지 않는 사람임을 자처하는 일입니다. 기업의 철학은 어떻게 정리해볼 수 있을까요?

아마존의 플라이휠Fly-wheel은 영화 〈아이언맨〉의 아크 원자로를 보는 것 같은 느낌을 줍니다. 오늘날 글로벌 제국을 이룬 아마존이 어떻게 무

• 아마존의 플라이휠

한한 성장 동력을 얻을 수 있었는지를 설명하는 것이 〈아이언맨〉의 아크 원자로입니다.

플라이휠은 아마존이 가장 중요하게 생각하는 '성장'이 어떻게 달성될 수 있는지 보여주는 그림입니다. 일단 낮은 비용 구조를 만들어야 하고, 낮은 비용 구조가 낮은 판매 가격을 고객 경험으로 창출하면 방문자 수가 점점 늘어나게 됩니다. 그러면 늘어난 방문자에 판매자가 몰리게 되고 제품의 종류는 계속 증가합니다. 제품의 증가로 고객은 더 높은 수준의 경험을 할 수 있습니다. 이처럼 아마존의 플라이휠은 하나의 비즈니스 모델인 것이죠.

아일랜드의 저가 항공사LCC 라이언에어Ryanair는 불친절한 서비스로

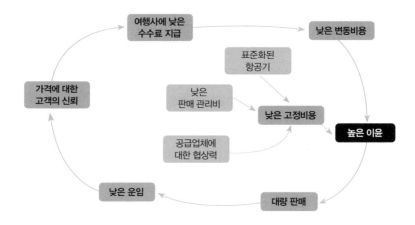

• 라이언에어의 플라이휠

악명이 높습니다. 처참한 고객 경험과 관련된 뉴스가 꼬리표처럼 따라다니는 항공사입니다. 그럼에도 불구하고 라이언에어는 2018년도에 창사이래 매출과 영업이익 모두 최대를 기록했습니다. 심지어 유럽에서는 2018년에 가장 많은 1억 3,900만 명의 승객을 태운 항공사의 자리에 올랐습니다.

좁고 더러운 자리에 비행 소음도 심하고 승무원들에 대한 불만이 심심찮게 나오는 이 항공사의 성공은 다소 의아할 수 있지만 철저히 저렴한 항공료로 고객을 모으고 있습니다. 일명 항공사의 아마존이죠.

라이언에어도 아마존의 플라이휠처럼 비즈니스 모델이 있습니다. 그리고 그 중심에는 공정한 가격을 제시한다는 명성이 있죠. 저렴하다고 생각되는 항공료는 많은 고객을 모으고 공급업체를 대상으로 높은 협상력을 갖게 만듭니다. 항공사를 유지하는 고정비용을 더 낮출 수 있죠. 이렇게 낮춘 고정비용은 더 저렴한 항공료로 돌아옵니다. 플라이휠처럼 선순환의 고리가 만들어지는 것입니다. 잘되는 기업은 이런 연결이 원활하게 맞물려 있습니다.

아마존의 플라이휠은 사실 어떤 기업이든 갖고 있어야 할 내용입니다. 기업의 사명, 철학을 도식화한 것이기 때문입니다. 지금 다니는 회사의 큰 전략을 플라이휠로 정리해보세요. 이것을 그릴 줄 안다면 회사의 방침을 충분히 이해했으며 전략적 사고라는 강력한 무기를 갖게 되는 것입니다.

만약 그릴 수 없거나 어느 부분에서 막혔다면 기업의 전략에 대해 잘 알고 있지 못한 상태이거나 현재 회사가 위기 상황일 가능성이 높습니다. 한 고리만 끊겨 있어도 답을 찾지 못했다는 뜻이고 만약 연결은 되어 있으나 현재 실적이 좋지 않다면 하나의 원리node가 크게 망가져 있다는 것입니다.

망가진 것을 다른 프로그램으로 교체하거나 새로운 방법을 제안하고 실행하는 사람이 바로 회사에서 인정받는 일을 잘하는 사람입니다. 이 문제를 해결하는 방식이 역설계 또는 디자인 사고로 불리는 지금의 의사결정 방식입니다.

여러분은 지금 어느 판 위에서 일하고 있습니까? 지금 하는 일이 회사의 전략 방향에 맞는지, 또는 끊어져 있는 고리를 붙잡고 있는지 생각해봅시다. 그리고 세부적으로 일할 때 일을 만들고 제안하는 프로세스가 잘못되어 있다면 바꿔봅시다. 기획자들이 기획하는 방식을 내 업무에 적용한다면 퍼포먼스 자체가 달라질 것입니다.

오늘의 숙제

1. 회사가 어떻게 돈을 벌고 있는지 플라이휠을 그려보세요.
2. 직접 사업 모델을 그려봤다면, 이 중 고객 입장에서 더 좋아졌으면 하는 부분이 있는지 찾아보고 대안을 생각해봅시다.

현상 이면의
본질을 읽어라

일을 할 때 현상을 바라보는 사람이 있고 원리를 캐치하는 사람이 있습니다. 두 사람은 같은 것을 바라보지만 결과적으로 얻는 인사이트가 전혀 다릅니다.

일반적으로 가게를 지나칠 때 고객이라면 진열된 상품과 매장 인테리어, 점원, 광고 정도를 가볍게 훑어보는데, 관련 일을 하는 사람이라면 상품 진열 방법부터 점원의 동선, 매장의 적절한 인원 수, 광고 메시지와 상품 일치 여부 등을 자세히 보게 되겠죠. 전략기획자가 하는 일 중 하나는 이렇게 현상 이면을 파악해서 '왜 그렇게 되었는지'를 파악하는 것입니다. 원리를 알면 일에 적용하는 시각이 달라집니다.

트렌드를 읽는 능력은 상품을 기획하는 사람에게 매우 중요합니다. 하지만 트렌드를 잘 읽는다고 항상 성과가 나는 것은 아닙니다. 트렌드를 마케팅과 제품으로 풀어내는 능력에서 실적이 달라집니다. 고객들이 왜 특정한 상품을 좋아하고, 어디에서 화제가 시작됐으며, 고객이 어떤 루트로 접하게 되었는지를 알아야 '반복 가능한 프로그램'으로 새로운 트렌드를 상품으로 풀어낼 수 있습니다.

수많은 기업이 좋은 기업을 표방하며 엄청난 비용을 마케팅에 뿌렸지만 대부분 과거와 다른 이미지를 얻지는 못했습니다. 오히려 비싼 광고가 아닌 진정성 있는 모습으로 고객 인식에 큰 차이를 남겼습니다. 국가와 사회를 위해 자신을 희생한 의인을 찾아 포상하는 사회공헌 프로그램을 진행한 LG, 광고 모델이었던 테니스 선수 라파엘 나달Rafael Nadal Parera이 슬럼프에 빠졌을 때도 후원을 이어간 KIA의 사례는 엄청난 비용의 광고에 힘을 쏟는 여타 기업에 비해 상대적으로 적은 비용으로 얻어낸 성과입니다.

이런 차이는 현상을 보는 깊이에서 비롯됩니다. 어떤 사람은 현상의 표면만 보고 그대로 복제하는 반면 어떤 사람은 성공의 프로세스를 살펴보고 이유를 찾아 반복 가능한 프로그램으로 만들기도 합니다. 또 어떤 사람은 너무 지나치게 파고 들어가서 뜬구름 잡는 이야기만 하는 사람으로 변질되기도 합니다.

현상에서 본질을 찾아 실행까지 옮기는 반복 가능한 성공은 대단히 어려운 일입니다.

도요타^{Toyota}는 학습문화를 통해 지속적으로 프로세스 개선과 표준화를 이뤄왔습니다. 전문가들은 '카이젠(개선)'이라고 불리는 도요타식 개선 문화를 만든 요인으로 '5-why'를 꼽습니다. 5-why는 문제의 근본 원인을 찾는 방법입니다. 연속적으로 5번이나 질문하며 문제의 문제를 타고 가서 결국 일이 만들어지게 된 최종적인 문제를 찾습니다. 도요타를 분석한 고전 서적 중 하나인《도요타 웨이》에서는 5-why에 대해 다음과 같은 예시를 듭니다.

공장에서 새로운 제품을 개발하는데 어떤 문제가 발생했습니다. 일차적으로 부품 업체나 일부 기계 가공 센터에서 이상이 있는 것을 알았습니다. 보통은 여기서 문제를 마무리하는데, 도요타는 또 질문을 합니다. 왜 거기서 이상이 발생했는지 더 캐내는 것입니다. 그러면 파고들어가는 과정에서 문제가 있는 프로세스와 연결된 더 상류의 프로세스나 이렇게 일을 결정하게 된 원인을 찾을 수밖에 없습니다.

단순히 부품 조립에서 일어나는 결함일 수도 있었지만, 근본 원인은 두께의 변동 또는 철강의 경도가 부품을 성형하는 방식에 영향을 주고, 그것이 용접된 방식에도 영향을 미치기 때문에 조립 이전에 원자재를 생산하는 부품업체가 더 깊은 원인임을 알게 되었습니다.

문제 원인을 어디서 찾느냐에 따라 대응 방식은 전혀 달라집니다. P&G는 미국을 대표하는 소비재 기업이지만 한동안 실적 악화로 재무적 압박에 시달린 적이 있습니다. 문제 원인을 뿌리에서 찾지 않고 표면적인 대응만 하다가 어려움에 처한 것입니다.

헤드앤숄더 Head&Shoulders 에서 나온 사과샴푸나 해초샴푸를 써본 적이 있습니까? 농담이 아니라 실제 시판된 제품입니다. 세계 최고의 마케팅 회사라는 명성을 갖고 있는 P&G에서 내놓은 상품이라기에는 너무 작은 변화로 보입니다. 이런 시도는 시장에 별다른 영향력을 미치지 못했습니다. 세계 최초로 불소치약과 합성세제를 만든 회사가 현재 내놓는 대안은 기존 라인업에 새로운 취향을 추가하거나 용량을 조정해서 다양한 사이즈를 구성하는 수준입니다.

P&G에는 아직도 건재한 브랜드가 많지만 최근 몇 년간 듀라셀 Duracell 등 전체 브랜드 약 170개 중 110개가 넘는 브랜드를 처분했거나 처분할 계획을 갖고 있을 정도로 상황이 녹록치 않습니다. 10년 동안 CEO는 3명 이상 교체됐고, 같은 기간 시장 점유율이나 매출액 역시 경쟁사에 비해 낮은 상태를 보여 왔습니다.

P&G가 어려운 상황에 빠지게 된 데는 세계 최고의 시장으로 떠오른 중국이나 신흥국에 대한 오판과 새로운 제품 결여, 내부 비용 통제로 인한 인재 유출이 원인으로 꼽히고 있습니다. 이는 소비재 시장에서 어느 정도 성공을 경험한 기업에서 흔히 나타나는 현상입니다. 이런 현상의 저변에는 현장 의견이 쉽게 현실로 받아들여지지 않는 본사 중심의 의사결정이 원인이라는 의견도 있습니다.

성공은 조직 외부에 대한 탐색과 고민을 무디게 만들고, 필연적으로 역량 투자로 이어지지 못하게 합니다. 쉽게 말해 문제의 뿌리를 찾아 해결하려는 시각이 사라지고, 과거 성공 프로그램을 바꾸려 하지 않는 얕은 대응으로 변화의 폭을 작게 가져가려고 했기 때문이죠.

단기간에 제품화할 수 있는 몇 가지 속성만 고려한 채 고객 조사를 해서는 혁신이라 말할 수 있는 제품이 나오기 어렵습니다. 그래서 고객 조사는 스티브 잡스Steve Jobs의 말처럼 고객이 무엇을 원하는지 스스로도 모르는 상태에서는 결코 도움이 되지 않을 수 있습니다. 표면적인 설문이나 구술에 의존하는 조사를 위한 조사는 기업에 큰 변화를 약속하지 않습니다.

굳이 한다면 P&G가 놓친 중국 시장 고객들의 속성을 파악할 수는 있겠죠. 이것은 단순히 제품 라인업에 대한 고객 평이나 신제품의 방향을 직접적으로 고객에게서 찾는 것과는 다른 성질의 접근입니다. 물어보는 것 이상으로 문제의 본질을 파악하려는 탐구의 시간이 필요한 것이죠.

| 본질을 읽는 레이어 |

도요타의 5-why를 P&G의 문제 찾기에 적용하면 다음과 같은 레이어layer로 정리해볼 수 있습니다. 내가 보고 있는 문제가 어느 정도 깊이의 수준인지 파악할 수 있는 질문이죠.

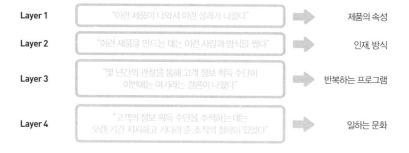

Layer 1	"이런 제품이 나와서 이런 성과가 나왔다"	제품의 속성
Layer 2	"이런 제품을 만드는 데는 이런 사람과 방식을 썼다"	인재, 방식
Layer 3	"몇 년간의 관찰을 통해 고객 정보 획득 수단이 이번에는 여기라는 결론이 나왔다"	반복하는 프로그램
Layer 4	"고객의 정보 획득 수단을 추적하는 데는 오랜 기간 지지하고 기다려 준 조직의 철학이 있었다"	일하는 문화

Layer 1

여기 한 샘플이 있습니다. 한 가지 현상, 즉 "이런 제품이 나와서 이런 성과가 나왔다"라는 정말 표면적인 내용입니다. 많은 사람이 조금의 리서치를 통해 알 수 있는 수준입니다. 제품이 기존과 무엇이 다른지, 어떤 특징이 있는지, 사람들이 무엇에 열광하는지 정도를 많은 양의 보고서로 옮기고 빠르게 따라서 만듭니다. 그러면 성공할 것 같지만 대부분은 아류로 남고 고객의 인지에서도 사라집니다.

편의점에서 새로운 히트 제품이 나올 때마다 얼마나 많은 아류 제품이 나왔다가 사라지는지 알고 있습니까? 컵라면, 핫바, 음료, 과자 등 우리가 상상할 수 있는 많은 카테고리에서 현상만 카피해서 출시하고는 쥐도 새도 없이 사라지는 경우가 많습니다.

분석의 깊이가 조금 향상됐습니다. 핫한 제품과 서비스가 어떻게 나왔는지 시간을 더 들여 파고들어 갑니다. 그러나 컨설팅회사에 의뢰하면 기본적으로 나오는 수준입니다. 원리를 분해해 이번에 나온 제품은 누가 주도하는 어떤 팀인지, 콘셉트를 만드는 방식부터 시장에 출시하는 과정까지 파악합니다. 첫 레이어보다는 자세하기에 더 분석할 것이 없을 정도로 느껴집니다.

그다음 회사는 이런 유사한 경험이나 기술을 가진 인재를 스카우트하거나 조직을 비슷한 구조로 만들어봅니다. 아니면 제품을 기획하는 방식이나 영업하는 방식, 마케팅 채널이나 방법을 바꿔봅니다. 표면만 아는 것보다는 방법론이 자세히 나올 수밖에 없습니다. 일부는 성공을 거두고, 패스트팔로워fast-follower가 되어 시장의 후발주자가 됩니다. 하지만 큰 패러다임의 변화를 읽지 못하고 이런 과정만 반복하다 보면 자신들이 하고 있는 일이 껍데기라는 것을 알게 됩니다.

Layer 3

이번의 성공이 단순히 Layer 2의 방법을 고수해서 얻어진 것이 아니란 사실을 알게 됩니다. 이것을 둘러싼 더 큰 프로그램이 있다는 것을 알게 되면 그나마 인사이트를 오랜 기간 유지할 눈을 가지게 됩니다. 실제로 제품이 매년 바뀌는 게 아니라 개발 방식이 매년 바뀌는 것이죠.

SPA 패션으로 세계 굴지의 매출을 올린 자라는 명품 브랜드의 런웨이

를 보고 카피하지만 늘 이 방법이 지속될 수는 없습니다. 버버리^{Burberry}
는 SPA 브랜드가 디자인을 카피할 시간을 주지 않기 위해 컬렉션을 실
제 판매하는 일정과 맞췄고, 컬렉션을 기존 런웨이 방식이 아닌 온라인
이나 공연처럼 바꾼 디자인하우스도 생겼습니다. Layer 1을 보고 카피하
는 기업은 자라의 디자인을 따라하느라 지난 트렌드만 찍어내고, Layer
2를 보고 카피하는 기업은 빨리 만들기 위해 명품 매장 탈의실을 이용하
기 바쁩니다.

새로운 방식이라는 것은 큰 틀의 프로그램이 있고 방법론을 주도적으
로 바꿔 나가는 전략을 의미합니다. 자라 역시 새로운 제품 개발 방법을
변화에 맞게 다시 찾을 것입니다. 그들은 세계 핫스폿에 있는 패셔니스
타의 착장을 자원을 들여 분석하고 SNS에도 관심이 많습니다. 방법론이
철학 안에서 자유로우면 대응이 빨라지고 작은 실패를 용인하며 큰 기
회를 모색할 수 있습니다.

Layer 4

프로그램은 기업이 추구하는 철학이 존재할 때 진행할 수 있습니다.
목적과 방향성이 없는 프로그램은 곧 자신과의 대화에서 길을 잃어버립
니다. 수많은 경제경영서에서 구글, 애플, 아마존의 문화를 혁신 사례로
이야기하는 것은 그들이 지향하는 프로그램에 힌트가 있기 때문입니다.

코어^{Core}가 없다면 힌트도 없습니다. 무엇을 위해 프로그램을 만들어
야 하는지 실무자들마다 생각이 다르고 서로 다른 방향으로 잡아당기면

일이 진척되기 어려운 환경이 만들어집니다. 가장 많은 다양성을 담을 것인지, 가장 빠르게 제공할 것인지, 무엇에서 세계 제일이 될 것인지 등 분명한 지향점이 있다면 사실 관리자가 필요 없을지도 모릅니다. 프로그램이 프로그램을 만드는 일이 생겨나죠.

여기서 카피라는 것은 가능하지 않고 자기 메시지, 즉 우리의 역량이 본질이라는 것을 알게 됩니다. 처음에는 일부 요소를 카피할 수도 있지만 끝까지 가기 위해서는 자신만의 '나다움'이라는 코어가 있어야 한다는 것을 알게 되죠. 경쟁자들의 정체성까지 파악할 수 있다면, 그래서 우리가 어떤 정체성으로 나아가야 하는지 안다면 전략은 찰랑찰랑한 현상 수준의 전술을 넘어가게 됩니다.

현상을 깊이 있게 바라보는 레이어를 내 업무에 적용하기 위해서는 사전에 반드시 정리되어야 할 게 있습니다. 도요타에서 5-why를 하기 전에 정의하는 '실제적인 문제 해결의 7단계 방법'입니다. 문제를 정확하게 정의하는 것이 5-why를 비롯한 이후 단계의 효과를 높이는 근원적 해결 방법임을 주장합니다.

1. 초기 문제 인지: 중대하고 애매하며 복잡한 문제를 인지한다.
2. 문제 정의: 복잡한 것 중에서 해결해야 할 실제 문제를 정의한다.
3. 원인 적시: 위에서 살펴본 Layer 1을 정의한다.
4. 5-why 근본 원인 조사: Layer들을 따라가며 근본 원인을 찾는다.

5. 대책: 가장 근본 원인에 대한 대책을 마련한다.

6. 평가: 대안을 실행한 후 의도한 대로 결과가 나왔는지 피드백한다.

7. 표준화: 문제 해결 프로세스를 공유하고 조직에 지식화한다.

문제를 정확하게 정의하는 방법은 MECE 분류를 통한 로직트리Logic Tree 등이 논리의 근거가 됩니다. 크게 시장에서 전략의 성패를 진단하거나 재무제표나 KPI 결과를 통해 문제가 되는 핵심 원인을 파악하는 등 자주 마주하는 일입니다. 정량적이든 정성적이든 문제를 정의하고 나면 이번 챕터에서 다룬 레이어로 문제의 뿌리까지 찾아가는 과정이 중요합니다. 그래서 이 책을 마지막까지 읽고 다시 돌아와서 이 챕터를 한 번 더 읽기를 추천합니다.

오 늘 의 숙 제

1. 최근 회사에서 가장 고민하는 문제를 실제적인 문제 해결의 7단계 방법으로 정리해봅시다.

2. 내가 이직하고 싶은 회사, 투자하고 싶은 회사는 왜 잘나가는지 4단계의 레이어를 통해 생각해보세요. 가능하다면 내가 하고 있는 일도 같은 방식으로 정리해봅시다.

성공의 프로세스를 알면 현상에서
본질을 찾아 실행까지 옮길 수 있다.

07

피드백이
잘못됐습니다

많은 사람이 직장에서 '피드백'이라는 단어를 본래 의미에 맞지 않게 사용하고 있습니다. "이 보고서에 피드백해주세요"라고 말하는 것부터 "메일 확인 후 피드백주세요"에 이르기까지 피드백을 회신 같은 작용과 반작용의 형태로 생각합니다.

피터 드러커는 피드백을 성과를 높일 수 있는 유일하고 확실한 학습 방법으로 역설했습니다. 정확한 피드백 방법을 안다면 직장에서 기대 이상의 성과를 내는 데 더없이 좋다는 것이죠. 실제로 기획을 하면서 피드백을 통해 다음 할 일을 정확히 설계할 수 있습니다. 그렇다면 피드백이란 무엇이고 어떻게 우리 일에 도움을 줄까요?

피드백은 얻고자 하는 목표가 있어야 제대로 할 수 있습니다. 단순히 행동하고 난 후 회고하는 것과는 다릅니다. 가설사고를 통해 얻고자 하는 목표를 정하고, 가설의 핵심이 되는 부분을 정량적으로 달성하면, 실제 목표 달성을 위한 세부 계획을 실행한 다음, 목표와 결과의 차이를 스스로 돌아보는 것이 드러커가 말한 피드백입니다.

이런 피드백을 가장 잘 보여주는 예시가 있습니다. 바로 스포츠입니다. 스포츠는 많은 부분이 공개되어 있습니다. 이적 시장에서 선수를 스카우트한 비용부터 이후 결과, 평소 훈련에 임하는 선수들의 자세, 사생활 문제, 팀워크 등 팬이라면 구단에 대한 많은 부분을 알 수 있습니다. 응원하는 선수가 과거 어떤 기록을 남겼고 최근 기량은 어떤지도 협회 홈페이지에 가면 쉽게 알 수 있습니다. 심지어 가장 핵심인 경기는 거의 모든 부분이 오픈되어 있습니다.

스페인 프로축구 프리메라리가의 라이벌 FC 바르셀로나와 레알 마드리드가 격돌하는 엘 클라시코El Clasico는 한 경기를 보는 세계 인구만 1억 명 정도입니다. 1억 명이 실시간으로 경기를 보고 승리라는 뚜렷한 목표를 향한 자신의 생각을 공유합니다. 세상에 스포츠 경기보다 더 모든 것을 공개하는 경영은 찾기 어려울 것입니다.

엘 클라시코의 두 팀은 승리라는 목표를 향한 뚜렷한 가설을 축구 철학으로 가지고 있습니다. 바르셀로나는 점유율, 즉 공을 갖고 있는 시간

| 얻고자 하는 정성적인 목표 | 정성 목표 달성을 위한 정량적인 목표 | 세부 실행 계획을 통한 실행 및 목표율 체크 | 실행 후 목표와 결과 피드백 |

• **피드백의 구조**

이 길수록 공격할 수 있는 기회가 많아지고 승리할 수 있는 확률이 높아진다는 가설을 갖고 있습니다. 그래서 짧고 정확한 패스를 통해 공을 조금이라도 더 소유하려고 합니다.

실제로 바르셀로나의 공 소유 시간은 승률과 연관성이 있습니다. 물론 이 KPI에는 불필요한 공 점유인 백패스나 의미 없는 횡적 패스도 포함되어 있으니 완벽한 KPI라고 하기는 어렵겠죠.

레알 마드리드는 정반대의 가설을 갖고 실행합니다. 빠른 역습을 통한 한 방에 무게를 둡니다. 크리스티아누 호날두Cristiano Ronaldo나 루이스 피구Luis Figo 등 사이드라인에서 빠르게 달리는 세계적인 윙어들이 이 구단 역사에 유독 많은 이유입니다. 그들의 KPI는 역습 전환 속도에 있습니다. 피드백할 가설과 지표가 뚜렷합니다.

이 두 구단의 팬들은 각 축구 철학에 맞는 피드백을 합니다. 바르셀로나 팬 중에서 선수의 공적을 빠른 역습 능력으로 평가하는 사람은 드뭅니다. 반대로 레알 마드리드 팬 중에서는 공 점유율로 선수를 비판하는 사람도 드물죠.

그래서 이 구단들은 때로 방향을 잃고 부진한 성적을 낼 때도 축구 철학에서 현상을 조망하면서 바른 피드백을 하고 제자리로 돌아오곤 합니다. 실시간으로 1억 명이 쳐다보고 이야기를 하니까요.

| 피드백의 필수 요소 1. 분명한 목표 |

피터 드러커는 바른 방향으로 목표를 세우는 것이 가장 중요하다고 말합니다. 목표는 최상위 리더가 정하며 하위 조직의 목표는 상위 조직을 바라보고 연결되어야 한다고 말하죠. 이것은 동일한 비전과 미션을 공유하는 것으로 오늘날에도 유효한 철학입니다. 목표가 없다면 피드백할 것도 없습니다.

회사에서도 목표를 찾아야 합니다. 일을 시작할 때 이 일의 결과가 무엇을 향하는지 정의하는 것이 일을 잘하기 위한 출발입니다. 일을 무조건 빨리 열심히 하는 것보다 일이 누구에게 어떻게 더 나은 가치를 주는지 생각하는 것이 더 좋은 결과를 만들 수 있습니다. 드러커는 이 과정을 "공헌에 집중하라"고 말하면서 고객을 향한 공헌으로 일의 방향을 잡는 것이 성과를 결정하는 핵심 요인이라고 강조합니다.

목표는 고객을 위한 가치를 표방하지만 숫자로 정할 수 있어야 피드백을 할 수 있습니다. 경영계획을 세울 때 많은 기업이 원안으로 참고하는 BSC를 고안한 로버트 캐플런 교수는 전략을 명확히 하고 조직의 합의를 이끌어내도 재무 차원에서 부서와 개인의 정량적 목표가 없으면 전략을 정기적으로 점검할 수 없고 제대로 된 피드백도 불가능하다고 주장합니다.

가전제품으로 세계를 제패한 LG전자의 창원 공장 혁신은 피드백 사례로 유명합니다. 1990년부터 공장을 혁신을 하기 위해 시작한 것 중 하나가 눈에 보이는 관리였습니다. 전광판을 만들어 실시간으로 생산 목표와 달성률이 공유되도록 만들었습니다. 마치 스포츠 경기장처럼 투명하게 공장 모든 사람이 어느 라인에서 문제가 있고, 오늘의 생산량을 달성하기 위해 얼마나 더 일해야 하는지 알게 되었습니다. 직원 스스로가 목표를 위해 능동적으로 일하도록 환경을 만든 것이죠.

이런 목표가 가능하게 된 데는 TDR^{Tear Down & Redesign}이라는 근본부터 다시 설계하는 혁신 조직과 목표가 있었기 때문입니다. 제품이나 서비스, 프로세스를 완전히 찢어서 근원부터 혁신하는 것이죠. 단순히 작년에 하던 일을 더 많이 하는 것으로 목표를 세우지 않고 일하던 방식을 바꿔서 새로운 과제에 도전하는 것입니다.

TDR의 주요 과제는 히트상품 개발, 원가 절감, 생산성 및 품질 향상, 내수 및 해외 시장 확대등 입니다. '5%는 불가능해도 30%는 가능하다'라는 그들의 슬로건은 아이러니하게 들리지만 기존 방식과 플랫폼을 유지하면서 더 나은 숫자를 쥐어짜는 것보다 새롭게 디자인한 방법으로 높은 성취를 얻겠다는 이야기입니다.

'스트레치 골^{Stretch Goal}'이라는 다소 높아 보이는 도전적 목표는 현상에 안주하는 조직보다 긴장감 있고, 언제나 위기라는 의식을 조직원에게 불어넣는 효과가 있습니다. 현재 스타트업에서 매달 높은 매출 목표를 통해 기존 기업에서 생각하지 못하는 성과를 내는 것과 맥이 닿아 있는 내용입니다.

이상적으로 들리는 이 구조를 실현하기 위해 최초 TDR이 내세운 방법론은 경영자의 즉시 의사결정, 현장에서 보고서 없이 보고하고 실행, 개인이 아닌 팀 단위 포상, 파격적인 보상과 포상, TDR 중심의 지원 조직 구축 등이 있습니다. 혁신적인 목표를 구축하기 위해서는 대충 잘하는 사람 몇 명을 임시 조직으로 만들어서 해보는 게 아니라 전사적으로 뾰족한 변화가 필요합니다. 이 토대 위에서 다소 부담스러울 법한 회사 비전에 맞는 정성적인 목표가 세팅될 수 있었습니다.

LG 창원 공장은 하루에 몇 번이고 피드백하는 시간을 가지면서 목표 달성을 향해 나아갔습니다. 공장에서 아침 조례를 시작으로 오후 일과 전후 생산 목표 대비 달성률에 대해 차이를 분석하고 어떻게 하면 더 일을 잘할 수 있는지 의견을 나눴다고 합니다. 애자일 조직에서 하루를 시작하기 전 피드백과 목표를 나누는 '스크럼 미팅Scrum meeting'과 비슷한 부분이 있습니다.

회사 전반에 걸친 이슈 공유나 실적에 대한 간단한 보상도 이 시간을 통해 진행되었습니다. 공장의 가동률부터 성과의 모든 부분을 정량적 목표로 설계했기에 가능한 빠른 피드백이었습니다. TDR이 가동되던 2000년대 초반 LG전자의 생활가전은 8년간 약 4배의 매출 성장을 이뤘습니다. 한국 시장 매출 1조 원 돌파도 이때 달성한 성과입니다.

피터 드러커는 성과를 내는 또 하나의 방법으로 "가장 중요한 것에 덩어리 시간을 써라"라고 말했습니다. 시간을 어떻게 쓰느냐에 따라 목표를 달성할 수도 못할 수도 있다는 것이죠. 시간뿐만이 아닙니다. 재무적 투자도 동반돼야 합니다. 목표 달성을 실패한 원인을 찾아가보면 투자가 없거나 조직이 없어서 실행이 안된 일이 많습니다. 시간을 가지고 피드백할 때 목표 세팅과 함께 얼마나 많은 자원을 최우선으로 투여했는지 보는 것이 중요한 이유입니다.

실행을 제대로 하지 못했다면 원인을 찾아야 합니다. 가치 없는 업무의 고질적인 프로세스가 중요한 일을 하지 못하게 시간과 에너지를 빼앗아가는 일이 여기서 드러납니다. 불필요한 회의, 지나친 양의 보고서, 늘어진 결제 라인 등 근본 원인을 찾아 제거하는 것이 피드백의 바른 방향입니다.

아는 것이 없어서 실행을 못하는 일도 많습니다. 또는 회사 역량이 안돼서 시작조차 못하는 경우도 있습니다. 회사가 개발할 환경을 만들어주고 있는지, 경력이 많은 사람이 필요하지 않은지, 외부 정보를 알 수 있는 세미나나 유료 교육에 얼마나 많이 참석했는지 등의 피드백 결과가 나온다면 해결될 수 있습니다.

피드백을 제대로 하고 나면 무엇을 바꿔야 하는지 정리가 됩니다. 피드백의 필수 요소를 중심으로 아래와 같은 내용이 피드백의 결과로 나올 수 있습니다.

- 목표가 명확했는가?
- 목표는 고객 가치 및 전사 목표와 관련이 있는가?
- 목표는 정량적 숫자로 표현할 수 있고 KPI는 목표에 부합하는가?
- 목표가 실행하는 모든 사람에게 공유되었는가?
- 목표와 실행의 차이를 기준으로 피드백되고 있었는가?
- 실제로 실행했는가?
- 실행한 시간과 자본의 투여는 충분했는가?
- 실행하기 위한 지식과 환경은 충분했는가?
- 실행을 방해하는 불필요한 일은 무엇이었나?
- 실행과 피드백의 주기는 얼마나 짧았고, 모두 참여했나?

이런 질문들을 중심으로 피드백해보면 결국 피드백은 '다시 이 일을 한다면? 처음으로 돌아간다면 그때는 어떻게 할 것인가?'라는 질문으로 귀결됩니다.

FC 바르셀로나는 특유의 패스 축구를 방해하는 상대팀의 압박 수비에 한동안 고전했습니다. 공 점유율이 낮아지거나 공을 점유하는 시간이 길어도 상대팀 골대 근처에서 공을 가진 시간이 줄어드는 문제들이 나타났습니다. 문제의 뿌리를 찾아보니 상대 골문 근처에 가기도 전에 패스 차단이 있었고 수비에 대응하지 못한 미드필더들이 공을 뺏기는 일이 잦았습니다.

그래서 상대팀의 강력한 수비에 맞는 탈압박을 얼마나 잘하느냐가 FC 바르셀로나의 인재상 중 하나가 되었습니다. 패스를 잘하고 공을 오랜 시간 간수하면서 상대팀의 압박 수비로부터 잘 벗어나는 미드필더가 필요했습니다.

이 팀의 전성기에는 리오넬 메시Lionel Messi라는 축구 천재와 함께 메시에게 공을 전달한 강력한 미드필더들이 있었습니다. 안드레스 이니에스타Andres Iniesta, 세르히오 부스케츠Sergio Busquets는 패스도 잘하고 상대 수비로부터 벗어나는 방법도 알고 있는 선수였습니다. 불필요한 패스보다 상대 수비 진영의 공간을 파괴하는 패스를 찔러줄 수 있는 선수들이 축구 철학에 맞는 목표를 그라운드에서 구현했습니다. 그래서 유럽 최고의 성적을 낼 수 있었습니다.

이렇듯 피드백을 하면 우리가 보완해야 할 액션 플랜action-plan이 세워집니다. 액션 플랜은 다음 차원의 플랫폼이나 아젠다가 생길 때까지 지금 차원horizon에서는 강력한 실행 계획이 됩니다.

기획자가 재무 분석을 하고 인터뷰를 통해 프로세스의 문제를 찾는 방식도 결국 피드백을 정확하게 하기 위해서입니다. 새로운 시장의 기회를 발견하고 미래를 예측하는 데이터를 분석하는 것은 피드백만으로는 할 수 없지만, 현재 주어진 환경, 주어진 사업을 유지하고 개선하는 것은 피드백만으로도 얼마든지 할 수 있습니다.

  시간을 갖고 정기적으로 피드백하는 시간을 만들기를 바랍니다. LG 전자 창원 공장의 방식까지는 아니더라도 주 또는 월 단위로 고정된 시간에 갖고 한 세션session을 피드백하는 것으로 다음 계획을 수립해야 합니다.

**오늘의
숙 제**

1. 피드백을 계획으로 연결시키는 10가지 질문으로 올해 내가 한 일을 정리해봅시다.
2. 1번을 완료한 후, 만약 처음으로 돌아간다면 어떻게 일을 시작할지 상상해보세요.

피드백은 성과를 높일 수 있는
유일하고 확실한 학습 방법이다.

기획이
창의성을 만드는 법

맥킨지에서 전략컨설턴트가 일하는 방식은 기업들이 인하우스 컨설 팅In-house consulting을 만드는 데 많은 영향을 줬습니다. 그중 대표적이라 할 수 있는 에단 라지엘의 《맥킨지는 일하는 방식이 다르다》는 맥킨지 컨설턴트가 일을 풀어가는 방법이 상세히 기술되어 있어 기획자들이 어 떻게 일해야 하는지를 보여주는 교본과 같습니다. 기획이 어떻게 일하는 지 궁금하다면 일독을 권합니다.

책 내용 중에서 기획이 조직에서 각광받는 포인트가 있습니다. 그것은 다른 직무와 차별화되는 '일을 만드는 능력'이죠. 비즈니스에서 '창의력' 또는 '상상력'으로 불리는 능력의 결과는 새로운 사업을 어떻게 발전시 키느냐로 나타납니다. 먹거리를 찾아 고민하는 경영진에게 이런 능력은 너무나도 중요하게 다가옵니다. 기획 출신이 회사의 중요한 자리에 임용 되는 이유도 여기에 있죠.

이 책은 전략컨설턴트의 창의력이 하늘에서 갑자기 뚝 떨어진 것이 아니라고 이야기합니다. 대신 이미 있는 것을 활용하라고 말하죠.

| 반복할 수 있는 창의적 결과물 |

보통 컨설턴트들은 새로운 프로젝트를 맡으면 공부하는 시간을 가집니다. 과거에 비슷한 주제로 진행한 프로젝트를 아카이브archive에서 열람하거나 정보성 자료를 활용해 사전 배경을 강화하는 학습의 시간을 거칩니다. '비즈니스 창의성'이 탄생하는 토양입니다.

아카이브에 있는 성공 사례를 찾아 어떻게 원리를 찾고 어떻게 적용해서 어떤 성과를 거두었는지 여러 케이스를 학습하면 새로 받은 비즈니스 문제를 해결하는 힌트를 얻을 수 있습니다. 이를 가능케 하는 접근 방식을 개발하는 것이 기획이라고 《맥킨지는 일하는 방식이 다르다》는 말하고 있습니다. 바로 사고의 프레임을 만드는 것입니다.

어떤 이야기를 들었을 때 혼란스럽지 않게 많은 현상을 '한 줄의 원리'로 정리하는 기술이라고 생각하면 됩니다. 예를 들어 경쟁이 치열한 산업군에 있는 회사에서 현재 벌어지고 있는 시장의 압박을 찾아 간단히 정리하고 해결 방법을 찾으려고 한다면 어디서부터 시작하는 것이 좋을까요? 이것을 쉽게 만드는 것이 사고의 프레임입니다.

다음 그림은 마이클 포터Michael Porter의 '5-forces Model'입니다. 시장

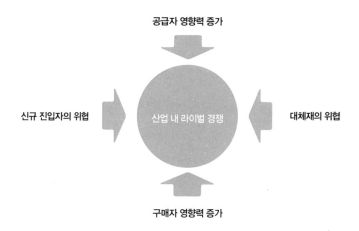

• 5-Forces Model

에서 일어나는 경쟁을 한눈에 정리할 수 있게 해주죠. 공급자와 수요자, 신규 진입자, 대체재의 위협, 산업 내 경쟁자를 각각 쉽게 알 수 있도록 정리하는 방법입니다. 이런 사고의 프레임으로 기획자는 혼란스러운 현상을 또렷한 관점을 갖고 어디에 집중해서 문제를 해결해야 하는지 말할 수 있게 정리가 가능해집니다. 이것이 경영진이 좋아하는 비즈니스 사고 중 하나입니다.

사고 프레임은 전략기획자의 가장 강력한 무기 중 하나입니다. 아이디어가 아닌 편집을 통해 새로운 인사이트를 개발할 수 있는 것이 전략기획자가 창의적이라고 평가받는 이유입니다.

이 장에서는 전략기획자가 창의적이라고 평가받을 수 있는 몇 가지 사고의 프레임을 공유해보겠습니다.

오마에 겐이치가 고안한 3C는 마케팅 분석법입니다. Customer(고객), Competitor(경쟁사), Company(회사)를 비교해서 고객이 원하는 것과 경쟁사의 반응을 파악하고 회사의 전략을 도출하는 방법입니다.

간단한 프레임이지만 시장을 객관적으로 바라볼 수 있고 경쟁 상태에서 우리가 어떻게 해야 하는지 간결하게 결론을 얻을 수 있기에 꾸준히 각광받는 프레임입니다.

예를 들어 야구장을 찾은 고객에게서 더 많은 매출을 올리고자 하는 비즈니스 과제가 있다고 가정하고 3C 프레임으로 이 문제를 정리해보겠습니다.

고객은 야구장을 단순히 경기만 보러 오는 것에서 주말을 즐겁게 보내려는 여가의 개념으로 생각하고 있습니다. 고객이 경기 시작 전 매점에 들렀는데, 음식 종류가 얼마 되지 않아 다른 야구장과 비교가 됩니다.

최근 여성 야구팬 숫자가 기존 남성 야구팬보다 증가하고 있습니다. 경쟁사는 이런 변화에 발맞춰 지역 맛집을 대거 입점시켜 야구장을 하나의 명소로 만들고 있습니다. 여성 야구팬이 원하는 팬미팅 방식을 고안하고 상품(goods)도 기존 응원봉에서 나아가 다양한 버전의 유니폼과 티셔츠로 확장하고 있습니다.

반면 우리는 고객의 니즈와 경쟁사의 변화를 따라가지 못하고 있습니다.

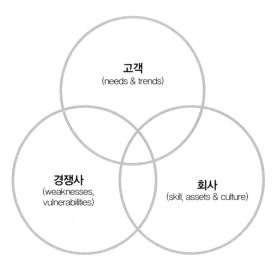

· 3C 마케팅 분석법

조사한 바에 따르면 우리 야구장을 찾는 팬들이 가장 불편해하는 것 중 하나가 다양하지 않은 음식과 낙후된 화장실 등 편의시설이었습니다. 고객의 요구가 뚜렷하고 경쟁사가 친화적인 구단으로 변화하고 있기 때문에 우리는 지금부터라도 고객이 가장 불편해하는 요소를 개선할 필요가 있습니다.

이런 정리가 가능하려면 3C에 해당하는 고객, 경쟁사, 회사에 대한 조사가 필요합니다. 위의 예시는 프레임의 구조를 간략히 설명하기 위해 쓴 것이고, 실제로는 각 근거가 되는 숫자가 필요합니다. 얼마나 변화하고 늘어나고 있는지를 정확히 인지하는 게 중요하기 때문입니다.

구글링이나 협회 자료를 통해 기초조사부터 고객을 계수해서 숫자를 얻기도 하고 정형화된 패턴이 있다면 설문조사나 행동 데이터를 분석해서 인사이트를 얻기도 합니다. 이렇게 3C로 프레임을 정하고 조사를 시작하면 시간도 아끼고 방향성이 있는 결론을 얻을 수 있습니다.

| 가설사고 |

가설사고는 기획자가 창의적인 결과물을 만드는 프로세스에서 가장 초기에 위치한 핵심 방법 중 하나입니다. 모든 일에 나만의 가설을 생각해보는 것이죠. 예를 들어 지난 달 매출이 부진한 원인을 조사하다가 경영정보시스템에서 조회한 것에 따라 개편한 자사 홈페이지의 매출이 특히 부진한 것을 알았다면 어떻게 해야 할까요? 경영정보시스템에서 리포트로 조회할 수 있는 자세한 정보가 여기까지라면 그다음은 손 놓고 있어야 할까요?

기획자는 현상에 대한 원인을 생각해봅니다. 하지만 타당한 방식의 가설이 필요합니다. 자사 홈페이지의 매출이 부진한데 홈페이지가 아닌 다른 채널에서 원인을 찾는 것은 추론 범위에서 벗어나는 것입니다. 홈페이지 개편 전후에 드라마틱한 매출 변화가 있었다면 무엇이 바뀌었는지 찾고 그 요소 하나하나를 원인으로 가설을 세웁니다.

1. 결제 시스템을 바꿔서 고객이 장바구니에 물건을 담고 결제하는 데 불편함을 느껴 구매를 그만뒀을 것이다.
2. 카테고리 위치를 바꿔서 고객이 찾기 힘들거나 불편해서 클릭 수가 현저히 떨어졌을 것이다.
3. 메인 구좌 크기를 바꿔서 매출에 영향을 줬을 것이다.

이렇게 홈페이지 개편으로 바뀐 것을 하나하나 나열해서 원인을 찾도록 가설을 세웁니다. 나열할 때 놓치는 것 없이 중복되지 않게 모두 열거하는 것이 MECE입니다. 이 사례에서 만약 홈페이지 개편을 5개 했다면 5개 모두의 가설을 세우는 것입니다. 이 중 몇 개를 뭉쳐서 가령 '메인 구좌와 카테고리의 크기 비율이 달라져서 매출이 줄어들었을 것이다'라는 식으로 가설을 세우면 검증하기 어려워지기 때문에 뭉쳐서 가설을 세우는 것을 지양합니다.

가설을 세웠으면 하나씩 검증하는 절차가 필요합니다. 하지만 모든 가설을 검증하기에는 시간이 부족할 때가 많습니다. 홈페이지 개편을 할 때 바꾼 게 30여 개라면 검증하는 데 너무나 많은 시간과 에너지가 들어가겠죠.

이럴 때는 얻고자 하는 결과인 타깃 변수(함수로 따지면 'Y' 값, 비즈니스에서는 보통 매출이나 이익)와 가장 비즈니스적으로 연관성이 깊다고 생각되는 독립 변수(함수로 따지면 'X' 값, 비즈니스에서는 각각 원인으로 생각되는 세부 모듈이나 가설)부터 가설 검증의 우선순위로 세웁니다. 이 중 몇 개만 가설 검증을 하는 것입니다.

　기존의 자사 홈페이지에서 매출 비중이 가장 높았던 것이 사이트 개편한 요소 중 메인 구좌, 카테고리 탭이라면 2가지를 순서대로 먼저 검증합니다. 개편 전후의 클릭과 구매 전환율에 대한 데이터를 얻습니다. 이 중 해당 기간 전후로 가장 변화가 큰 요소를 찾는다면 문제의 원인을 일차적으로 파악할 수 있습니다.

　가설을 스스로 만들어서 푸는 것은 기획자가 일을 창의적으로 잘할 수 있는 원동력이 됩니다.

| 3-Horizons |

　맥킨지의 기업 성장 방법론인 '3-Horizons' 모델은 현재 핵심 사업에 집중하면서 중장기적인 성장 동력을 찾고 투자하는 것을 설명하는 프레임입니다. 시간과 수익(또는 가치)이 X축과 Y축을 차지하고 3가지 단계의 호라이즌(지평선)으로 구성되어 있습니다.

　첫 호라이즌은 현재 집중해야 하는 핵심 사업을 어떻게 계속해나갈 것인가에 대한 전략을 수립합니다. 두 번째 호라이즌은 실체가 생겨난 차세대 성장 동력을 어떻게 구체적으로 수익으로 실현시킬 것인지에 대한 내용이 나옵니다. 세 번째 호라이즌은 미래를 위해 찾아야 하는 파괴적이면서 기초적인 핵심 기술을 어떻게 준비할 것인지를 기획합니다.

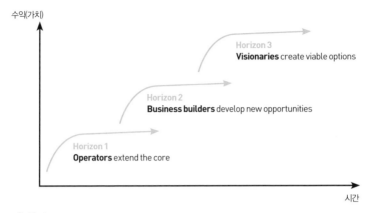

수익(가치)

Horizon 3
Visionaries create viable options

Horizon 2
Business builders develop new opportunities

Horizon 1
Operators extend the core

시간

• 3–Horizons

이 3가지를 한 번에 구상함으로써 현재 실적과 미래에 대한 준비 어느 것 하나 놓치지 않고 생각하는 것이 이 프레임의 취지입니다.

실무에서는 이 호라이즌을 진행 단계를 설명하는 것으로 쓰는 일이 잦습니다. 기본 목적과 달리 당장 할 수 없기 때문에 언제 어느 순서로 진행할지 단순히 단계로 활용하죠. 원래 프레임은 3가지 호라이즌이 각각 구분된 주제에 대해 말하는데, 실무에서는 하나의 일을 쪼개는 데 많이 사용합니다.

국내 방위사업체에서 무기 하나를 개발하는 데 평균 5~10년 정도가 소요됩니다. 그래서 지금 착수한 프로젝트가 수익으로 실현되기까지 상당한 시간이 걸립니다. 거기에 군사 무기 체계의 패러다임은 몇 년 단위로 바뀝니다. 과거에는 사람이 직접 위험에 노출되어 작전을 수행했는데 최근에는 드론이나 인공지능이 탑재된 로봇이 전장에 투입되고 있는 것도 한 가지 사례입니다. 그래서 이런 사업은 자연히 호라이즌이 구분됩니다.

현재 양산 단계에 들어간 무기 제품의 프로젝트, 몇 년 뒤 국가에서 수주할 것으로 예상되는 (미국이나 유럽에서 이미 양산으로 넘어가고 있는) 무기의 기술 연구, 그리고 미래 기술을 통해 아예 패러다임이 변할 것으로 예상되는 원천 기술에 대한 투자, 이런 식으로 장기 프로젝트 성격에 맞게 호라이즌이 비교적 뚜렷하게 구분되어 경영기획 업무를 진행합니다.

하지만 대부분의 사업은 제품의 PLCProduct Life Cycle가 그렇게 길지 않습니다. 소비재는 말할 것도 없고 전자제품도 몇 년 안에 패러다임이 바뀝니다. 한때 소형가전 시장에서 뚜렷한 임팩트를 보인 침구청소기가 요즘은 거의 팔리지 않는 것을 보면 얼마나 사업이 빨리 바뀌는지 알 수 있습니다.

변화가 잦은 제품은 현재 매출을 극대화하는 방안부터 차세대 출시 제품을 어떻게 기획할 것인지, 장기적으로 바꿔야 할 디자인과 기술 역량을 어떻게 확보할 것인지 등으로 변형하여 호라이즌 프레임을 활용할 수 있습니다. 내부 보고용이라면 프로젝트가 진행되는 상황과 다음의 버전 업된 내용의 청사진, 장기적인 비전을 호라이즌으로 그리면서 설명할 수 있습니다.

맥킨지 컨설턴트였던 사이토 요시노리齊藤嘉則는 프레임을 세우는 역량을 '문제 영역의 범위를 정확히 잘라내는 판단력'으로 정의합니다. 문제를 정의하는 첫 부분이 잘되지 않으면 그다음은 어떤 논리적인 프로세스를 밟아도 소용이 없다는 것이죠. 많은 기획 업무나 무거운 주제를 짧은 시간에 해내는 것은 엄청난 시간의 도움도 있겠지만 사고의 프레임이 문제 정의를 간명하게 만드는 공이 큽니다.

오 늘 의 숙 제

1. 내가 하는 일 또는 회사의 상황을 5-forces Model로 그려보세요. 내가 모르는 경쟁 요인이 있는지 조사해봅시다.
2. 내 일을 3C에 대입해서 고객, 경쟁사, 내가 하려는 방식으로 정리해본다면 어떤 부분을 더 노력해야 하나요?

PART

2

결과의 차이를 바꾸는
전략기획의 기술

〰〰

| 기획 실무 편 |

09

전략기획자의
시장 구분법

전략기획자의 주요 역할 중 하나는 당연히 기업의 전략을 수립하는 일입니다. 영업기획자는 영업에 관한 전략을 수립하고 상품기획자는 상품에 관한 전략을 수립하는 반면 전략기획자는 기업이 나아가야 할 방향을 생각합니다. 그래서 다른 기획보다 더 복잡한 시장을 읽어내는 눈이 필요합니다.

전략을 수립하기 위해서는 신시아 몽고메리Cynthia A. Montgomery 하버드경영학원 교수가 《당신은 전략가입니까》에서 주장한 것처럼 시장(산업)의 경쟁 요인을 파악하고 처리하는 방법을 찾아 그것을 과소평가하지 않는 교훈이 필요합니다.

시장의 경쟁 요인은 어떻게 파악할 수 있을까요? 신시아 몽고메리 교수는 다음의 그림처럼 간단한 프레임으로 세계적인 명품 브랜드 구찌 Gucci가 한때 봉착했던 위기에 관해 설명합니다. '원가'와 '고객 지불 의사'라는 두 축으로 명품 브랜드의 포지션을 한눈에 정리한 것이죠.

에르메스Hermes나 랄프로렌Ralph Lauren과 비교하면 구찌는 어느 축에도 끼지 못한 어중간한 브랜드로 1980~1990년대를 보냈습니다. 몽고메리 교수는 다음의 그래프를 그리며 현재를 파악하는 것이 전략의 출발점으로 '모든 것의 시작'이 된다고 했습니다. 그렇습니다. 현재 내가 어디에 놓여 있는지 아는 것은 대단히 중요합니다. 시작이 잘못되면 가설 자체가 틀어지기 때문입니다.

명품 시장을 원가와 고객 지불 의사로 축을 만들어 그래프를 그리는 것은 전형적인 B2C 제조업에서의 시장 구분법입니다. 고객의 취향과 회사의 생산 능력을 한눈에 볼 수 있게 해서 시장의 경쟁 관계를 쉽게 구분했죠.

구찌의 사례처럼 '시장을 어떤 기준으로 나누는가'는 곧 '고객의 관점이 무엇인가'를 아는 것입니다. 기획 실무에서 많이 하는 실수는 고객의 생활에서 시장을 보지 못하고 숫자와 스펙으로만 나누려고 시도하는 데 있죠. 그것은 활자 이상의 의미를 주지 못합니다.

초반에 스마트폰 시장을 구분할 때 사람들은 단순히 카메라 화소와

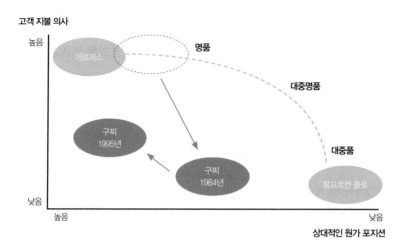

고객 지불 의사

높음

에르메스

명품

대중명품

구찌
1995년

대중품

구찌
1984년

랄프로렌 폴로

낮음

높음   낮음

상대적인 원가 포지션

디스플레이 품질, 하드웨어의 처리 속도 등에 중점을 맞췄습니다. 그래서 당시 스마트폰 광고에서 강조된 것이 카메라 품질과 음질 차이였습니다. 하지만 얼마 지나지 않아 그것만이 시장을 규정하는 대상이 아니라는 것을 알게 되었습니다.

높은 화질과 음질을 가진 스마트폰이 시장에서 고전하고, 디자인이나 터치감이 우수하거나 어플리케이션의 차별성이 있는 브랜드가 고객의 선택을 받았습니다. 시장을 보는 기준이 다르니 접근이 다르고 결과 역시 달라질 수밖에 없는 것입니다.

자동차 시장은 어떻게 구분할까요? 고객이 자동차에 대해 잘 모른다면 눈에 보이는 스펙으로 일정한 범위를 나눠 시장을 구분하는 게 간편하고 명확합니다. 1000cc, 1600cc, 2000cc 이런 식으로 말이죠. 2인승,

4인승, 7인승 등으로 나눌 수도 있죠.

하지만 이런 접근은 자동차를 운전한 경험이 있고 다음 차로 갈아타려는 고객에게는 충분하지 않은 구분법입니다. 과거 북미 자동차 시장이 활황일 때 자동차 모델 포트폴리오에 실패한 유명한 사례가 있습니다.

이 회사에는 배기량과 가격별로 너무나 많은 자동차 모델이 있었습니다. 더구나 회사 내에 여러 브랜드가 얽혀 있어서 서로의 매출에 영향을 받았습니다. 소위 '팀킬Team-kill'이 벌어진 것입니다. 회사는 어떤 브랜드의 어떤 모델을 없앨지 '자원 최적화'를 고민하다가 쉽고 기계적으로 구분할 수 있는 배기량과 가격에 따라 브랜드와 일부 모델을 단종시켰습니다.

하지만 포트폴리오를 조정한 후에도 별다른 실적 반등을 보이지 못했습니다. 고객이 자동차 시장을 구분하는 기준은 배기량이 아니라 '브랜드의 이미지'였기 때문입니다. 고객은 자동차를 볼 때 자신의 라이프스타일에 맞는 이미지의 브랜드를 우선적으로 고려합니다.

우리가 일하는 시장은 어떻게 구분할 수 있을까요? 실무에서 자주 쓰는 몇 가지 시장 구분법을 소개하겠습니다.

1. 가격으로 구분한다

경쟁이론의 대가인 마이클 포터는 3가지 방향에서 기업이 우위에 있는지 살펴보라고 합니다. 바로 제품 차별화, 원가 우위, 작은 시장에 집중하는 것입니다. 해석해보면 시장은 결국 품질을 중요하게 생각하는 고객과 가격을 우선하는 고객으로 나눠질 것이라는 것이죠. 전자는 브랜딩, 디자인, 성능을 중시하는 '가심비' 중심의 경제력이 있는 고객이라고 추정할 수 있습니다. 후자는 '가성비'를 우선에 두고 조금이라도 저렴한 것을 찾는 고객입니다.

도서《포지셔닝》은 가격으로 시장을 구분하는 프레임이 얼마나 강력한지를 보여주는 사례로 위스키 시장을 소개합니다. 시바스 리갈Chivas Regal은 전세계에서 즐겨 먹는 대표적인 스카치위스키입니다. 출시 당시만 해도 고가의 위스키 시장은 존재감이 없을 만큼 미미했지만, 고급 상품을 찾는 수요가 있음을 확신하고 고가의 위스키 브랜드로 포지셔닝했습니다. 고객의 인식에 최고급 위스키라는 이미지를 심어놓음으로써 후발주자들과 상대적으로 유리한 싸움을 할 수 있었습니다.

이처럼 시장을 가격 기준으로 나누는 것은 고객을 이해하는 좋은 프레임이 될 수 있습니다. 지금껏 발견하지 못한 개발 중인 제품이나 서비스의 차별성이 될지도 모르니까요. 발표된 지 30년이 지난 경쟁전략과 포지셔닝 이론은 오늘날에도 가격이 가장 강력한 시장 구분법 중 하나라는 것을 사례들로 증명합니다.

멤버십을 운영하는 기업들은 금융기관 등에서 고객의 금융 정보나 소비 이력을 확보해서 고객 취향의 알고리즘으로 사용합니다. 그래서 고객이 지불하는 가격이나 가격 중심으로 구분되어 있는 판매 채널은 시장을 구분하는 강력한 기준이 되어왔습니다. 백화점, 아울렛, 편의점 등 고객이 이용하는 채널로 시장을 나누면 간단하면서도 설득력 있는 프레임이 됩니다.

상권을 구분하는 것은 오프라인을 기반으로 영업하는 기업에게 무척 중요한 일입니다. 온라인 시대에서도 고객 체험을 위한 공간을 만드는 등 수익을 떠나서 브랜딩 관점에서 필요한 부분입니다. 카페, 음식점, 체험관, 주유소 등의 상업시설은 권역 내 유동 인구수나 거주자의 특징을 토대로 상권의 프로필을 만들 수 있습니다.

전통적인 상권 구분은 행정 권역에 따른 것입니다. 통계청kostat.go.kr에 들어가보면 담백하게 행정 구역 단위로 모든 데이터가 준비되어 있습니다. 다만 이런 데이터로밖에 볼 수 없는 한계도 있습니다.

우리가 잘 아는 판교나 위례, 광교 등의 신도시는 단순히 하나의 행정 구역 내에 있지 않습니다. 여러 시군구와 동이 모여 하나의 '생활권역'을 만들고 있죠. 강남역 상권이나 홍대, 이태원의 경리단길도 그렇습니다. 오히려 행정 구역 단위의 데이터는 정확한 시장 구분을 어렵게 만듭니다.

그래서 유동 인구나 소비의 '히트맵Heat-map'이 활용됩니다. '열'을 뜻하는 히트와 '지도'를 뜻하는 맵을 결합시킨 단어로, 색상으로 표현할 수 있는 다양한 정보를 일정한 이미지위에 열분포 형태의 그래픽으로 출력한 것입니다.

히트맵은 행정권역별 데이터에 비해 더 자세한 단위까지 데이터를 알 수 있어서 사람들의 밀집에 따라 새로운 카테고리를 생성하는 등 다양하게 해석할 수 있다는 장점이 있습니다. 많은 데이터 확보의 어려움이 있지만 가장 정확한 방법입니다.

히트맵을 만들 데이터가 부족하다면 중심지를 지정하고 교통수단으로 해당 장소에 도달할 수 있는 거리를 선으로 연결하여 마치 구불구불한 등고선처럼 만드는 것도 방법입니다. 지하철로 이동이 가능하거나 자동차 전용도로가 있다면 단순히 반경 몇 킬로미터가 아니라 더 길게 뻗어 있는 먼 지역도 해당 상권에 들어올 것입니다. GIS geographic information system 데이터를 활용한 기업 내부의 대시보드들은 이런 조건을 감안하여 제작되는 것이 보통입니다.

GIS는 지리정보시스템으로 지역에서 참조가능한 모든 형태의 정보를 효과적으로 수집, 저장, 갱신, 조정, 분석, 표현할 수 있는데, 쉽게 말하면 지도상에 모든 데이터를 중첩하여 디지털로 표현한 것입니다. 이런 솔루션의 도움을 받을 수 없다면 소상공인마당 www.sbiz.or.kr 에 접속해서 상권 분석 페이지의 도움을 받는 것도 대안이 될 수 있습니다.

최근에는 시장 구분법을 SNS에 적용하기도 합니다. 광고 수단의 핵심이 되어버린 모바일 환경에서 광고 콘텐츠가 얼마나 멀리 퍼져 나가고, 전파된 내용이 한 번에 얼마나 많은 사람들에게 보여지느냐가 중요한 KPI가 되고 있습니다. 무형의 매체 속에서 전달 범위를 어떻게 그릴 수 있느냐가 오프라인의 상권 구분과 같은 생각 속에서 고안되고 있습니다.

사람들이 기존에 나눈 카테고리 중 일부는 실제와 맞지 않게 몇몇이 만든 의도일 뿐입니다. 실제로 그렇게 사용하지 않는 것이죠. 저는 지난 몇 년간 고객의 소비를 분석하면서 공급자의 의도대로 소비자가 구매하지 않는 케이스를 많이 봤습니다.

예를 들어 유아동 시장과 청소년 의류, 문구 시장을 의도적으로 카테고리 분리하거나 싱글과 한 자녀 가정의 소비가 차별화될 거라고 염두에 두고 만든 상품들이 의도와 실제가 맞지 않았던 적이 많습니다. 자녀가 있는 가정의 소비 패턴을 분석해보면 성인복에 해당되는 옷을 청소년이 구매하고 초등학교 저학년이 구매할 것 같은 브랜드를 곧 중학교에 갈 친구들이 사기도 합니다. 이런 사실들은 제대로 된 분석이 없으면 결코 모를 일입니다.

그래서 고객을 군집Clustering으로 분석하고 상관분석 등을 통해 팔리는 카테고리들이 의도에 맞게 고객에게 전달되는지 확인하는 작업이 필요합니다. 데이터 분석으로 시장을 구분하는 방법이 어려운 이야기처럼 들리겠지만, 실제 쓸 만한 기본적인 도구는 엑셀의 데이터 탭에 있는 '데이터 분석' 도구에 대부분 들어 있습니다. 처리 속도의 문제라면 오픈소스인 Python이나 R 등을 이용해서 분석할 수도 있습니다. 이 또한 어렵지 않습니다. 다음의 자료를 참조해 따라해보세요.

엑셀 함수를 바로 써도 되지만 옵션에서 분석 도구를 추가할 수 있습니다. 분석 도구를 추가하면 데이터 탭에서 맨 오른쪽에 데이터 분석이

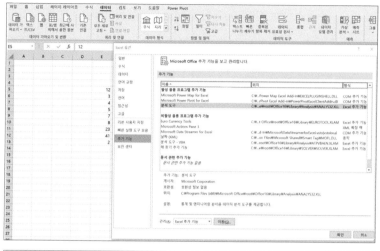

라는 메뉴가 생깁니다. 실제 분석 방법은 분석 도구에 있는 이름으로 검
색하면 많은 블로그에서 자세히 확인할 수 있습니다.

중요한 것은 내가 고객 관점에서 시장을 구분하는 프레임을 갖고 있
느냐는 것입니다. 고객 군집을 분석해보면 내가 생각한 기준으로 그룹이
묶이지 않는 경우를 봅니다. 저는 이 브랜드들을 가격으로 나눴지만, 실

제 한 고객이 구매한 내역으로 여러 고객의 패턴을 비교해보면 디자인 콘셉트에 따라 브랜드가 묶이는 등 생각지도 못한 고객의 선택 기준을 알게 됩니다. 이런 경험을 통해 고객 관점을 알게 된다면 오히려 좋은 기회입니다.

4. 고객 일상을 기준으로 구분한다

'우리의 일상은 몇 개의 모니터로 정의할 수 있다'는 이야기를 들어본 적이 있나요? 텔레비전, 휴대전화, 노트북, 지하철 모니터 등 우리가 하루 종일 정보를 받아들이는 디바이스는 몇 개로 한정되어 있습니다. 이런 디바이스를 차지하기 위한 경쟁이 치열해지고 있다는 뜻이죠. 무심히 살다가 이런 이야기를 듣고 흠칫 놀라게 되는 이유는 시장을 이런 식으로 규정할 수도 있다는 신선함 때문일 것입니다.

사업하는 사람들을 보면 우리가 상식적으로 아는 것과 다르게 시장을 나누고 새로운 사업의 진로를 발견합니다. 이런 접근이 가능한 것은 일상생활을 기준으로 무엇이 고객에게 중요한 이벤트고, 무엇이 정보의 입출입을 만드는지 알기 때문입니다.

P&G를 비롯한 글로벌 소비재 기업들이 고객 관찰을 위해 고객의 집에 며칠씩 함께 지내면서 실제로 소비하는 습관을 찾는 사례는 너무나도 유명합니다. 고객이 어떤 의도에서 구매를 결심하고 물건을 구매한 뒤 어떻게 사용하는지에 따라 제품의 프로모션 방향이나 신제품 계획이 결정되기도 합니다.

고객의 라이프 스타일을 알수록 시장이 다른 프레임으로 보일 것입니다. 모든 시간을 시와 분으로 구분하지 않고 하나의 사건으로 기억하듯이 말이죠. 최근 각광받는 고객 구매 데이터 분석은 이런 이해를 돕습니다. 자라는 매월 단위로 행사를 진행하다가 연간 고객의 방문주기를 파악해서 전체 프로모션 일정을 수정합니다. 고객의 삶을 어떻게 나눌 것인가는 더 이상 추상적이고 연역적인 문제가 아닙니다.

5. 비즈니스 모델로 구분한다

앞서 설명한 시장 구분법이 철저히 소비자의 인식을 기준으로 하는 것이라면 비즈니스 모델로 구분하는 방식은 공급자의 입장입니다. 사업에 어떻게 접근할 것인가를 정리하는 방법이죠. 해당 산업 내 기업들이 어떤 구조로 돈을 벌고 있는지 리서치하며 모델을 정리하는 것은 실제 사업 기획을 할 때 도움이 됩니다. 더 좋은 방법은 미국이나 일본 등 산업의 선두 국가에 가서 현지인처럼 구매를 경험해보는 것입니다.

비슷해보이지만 전혀 다른 모습으로 움직이는 사업이 많습니다. 유니클로Uniqlo와 자라를 예로 들 수 있습니다. 유니클로는 생산 과정을 길게 잡고 원가를 낮추는 대신 보편적인 상품을 만들어 싸게 파는가 하면, 자라는 생산 공정을 줄여 원가는 높지만 트렌드에 맞춘 상품을 재빠르게 만들어 판매합니다. 두 사업은 수익 구조 자체가 다릅니다.

여성의류 쇼핑몰의 경우에도 지그재그 같은 플랫폼은 광고로 돈을 벌고, 다른 대부분의 서비스는 옷 판매에 따른 수수료로 돈을 법니다. 따라서 좋은 비즈니스 모델을 찾고 비교하기 위해서는 수시로 기업들이 실제로 돈을 버는 방법이 무엇인지 구글링하는 공부가 필요합니다.

기획의 이상적인 목표는 트렌드에 맞는 신규 사업이 기존 사업보다 더 좋은 수익 구조로 시작하는 것입니다. 소비자의 일상생활과 소비 패턴을 잘 파악한다면 보다 저렴한 원가로 수익면에서 최고의 성과를 얻는 동시에 트렌드를 주도할 수도 있습니다. 시장을 구분하는 정확한 눈을 가지고 있다면 불가능한 이야기도 아닙니다.

오늘의 숙제

1. 구찌의 포지셔닝 맵을 보면서 내가 하는 일, 회사가 하는 일이 업계와 고객에게 어떤 가로세로축으로 포지션을 평가받을지 자유롭게 작성해보세요.
2. 내가 담당하는 상품, 서비스, 고객을 어떤 기준으로 구분하면 좋을지 적용해봅시다.

탁월한 기획자는
고객 관점에서 시장을 구분하는 프레임을 갖고 있다.

10

고객의 니즈 분석은
성공의 절대 요소

기획자가 가장 많이 하는 일 중 하나가 '고객 조사'입니다. 고객의 정의는 생각보다 광범위합니다. 우리 회사의 제품이나 서비스를 구매하는 사람이 고객이 되는 것은 당연하고, 회사 업무 프로세스에서 나의 결과물을 가지고 다음 프로세스를 진행하는 동료나 상사도 고객입니다. 내 일을 감독하는 정부기관도 고객이고 회사와 협력 관계에 있는 업체도 고객이죠.

P&G는 고객을 정의할 때 최종 소비자와 제품을 유통하는 채널로 구분해서 두 고객을 만족시킬 수 있는 전략을 수립합니다. 이 사람들과 관계가 좋지 못하면 나의 퍼포먼스에도 영향을 받을 수밖에 없습니다. 그렇기 때문에 고객이 원하는 것이 무엇인지를 파악하는 정확한 조사가 중요합니다.

| 빅데이터 시대의 고객 조사 |

P&G가 업계에서 고객 조사를 잘하는 기업으로 손꼽히는 데는 고객 조사 방법론에 관한 끊임없는 개선 덕분입니다. P&G의 디자인 전략과 혁신을 이끈 클라우디아 코트치카Claudia Kotchka 부사장은 고객 조사의 핵심적인 변화를 '고객의 말'에서 '고객의 행동'을 분석하는 것으로 보았습니다.

과거 10년 이상 고객 인터뷰, 고객의 가정 방문, 관찰 등을 통해 패러다임 자체를 바꾼 것이죠. 고객이 실제 말하지 못할 수밖에 없는 '한계'라고 느끼는 것을 찾아 차별적인 가치로 바꾸는 게 지향하는 고객 조사 방법이 되었습니다.

빅데이터 분석은 고객의 행동을 정량적으로 해석하는 최신 기법입니다. 고객이 물건을 구매하는 여정을 단계별로 분석하면서 퍼널funnel별 행동이 얼마나 변화되었는지 분석하는 것을 꾀합니다.

과거 FGIFocus Group Interview를 잘하는 사람을 채용하는 고객 조사 시장은 갈수록 줄어들고 있는 데 반해 온라인 퍼널을 분석하는 분석가는 수요에 공급이 따라가지 못하는 상황이 벌어지고 있습니다. 퍼널에서 다음 퍼널로 고객이 구매 여정을 이어가는 전환율이나 상품평, 체류 시간, 평점 등 로그log 데이터를 분석하는 방법론이 꾸준히 고객 조사의 중심으로 옮겨가고 있습니다.

그럼에도 정량적인 분석이 고객 조사의 전부가 될 수는 없습니다. 빅데이터는 과거에 썼던 스몰 데이터small data(수량으로 많이 모이지 않거나 순간적으로 고객 관찰을 통해 발견한 인사이트)와 결합해야 고객을 보다 입체적으로 해석할 수 있습니다. 빅데이터는 분명 트렌드이기는 하나 준비물이 너무 많습니다.

서버 같은 인프라에 투자하는 비용만큼 얻을 수 있는 정보와 속도의 효율을 보이기 때문에 도입 자체가 제한적입니다. 플랫폼 설계부터 데이터 수집을 고려하지 않았다면 국내 이커머스 업체들이 겪고 있는 문제처럼 의미 있는 수준의 변별력 있는 변수들을 매출이나 로그에서 구할 수 없습니다. 대부분 매출이 나오면 그만이라는 수준의 플랫폼은 같은 상품을 하나의 코드로 관리하지 않아 정확한 분석이 되지 않는 일을 만듭니다.

작은 회사에서만 일어나는 일이 아닙니다. 역량이 풍부한 기업에서도 데이터 분석은 어려운 문제로 남아 있습니다. 부족한 데이터는 브랜딩 학자 마틴 린드스트롬Martin Lindstrom이 언급한 것처럼 느슨한 해석을 만들 수밖에 없고, 고객의 불편 요소나 니즈를 정확히 설명하기 어렵습니다. 그래서 마틴 린드스트롬이 강조한 스몰 데이터, 고객의 숨은 니즈를 발견하는 데는 다소 전통적인 방식이 여전히 유효합니다.

| 무엇을 얻을 것인가 |

실무에서 고객 조사를 준비할 때 가장 까다로운 일은 '누구'를 만나서

'무엇'을 물어볼 것인가를 규정하는 것입니다. 특히 처음 보는 사람과 인터뷰할 때 무슨 이야기를 해야 할지 막막한 것이 사실입니다. 이 상황에서 먼저 정할 것은 고객 조사의 목적, 즉 '무엇을 얻을 것인가'입니다.

맥킨지는 프로젝트를 수행하는 과정에서 인터뷰를 통해 단기간에 업계 최고의 지식을 습득하기도 하고 문제의 뿌리를 찾아내기도 합니다. 먼저 인터뷰를 위한 '사전 질문지'를 작성합니다. 이때 인터뷰를 마치고 난 뒤 내가 무엇을 얻어갈 것인지를 명확히 정하고 질문지를 작성하는 것이 중요합니다.

기획의 기본은 명확한 메시지입니다. 보고서를 쓸 때도 한 페이지에 2개 이상의 메시지를 담지 않는 것이 가장 이상적입니다. 맥킨지 같은 컨설팅 회사가 아니더라도 인하우스 컨설팅 조직을 가진 기업에서는 간결하게 보고서를 쓰는 교육을 하기도 합니다. 인터뷰도 마찬가지입니다. 인터뷰의 결과를 사전에 정하는 것은 모든 인터뷰 시간에 초점을 잃지 않고 한 방향으로 이끌어가는 힘을 만들어줍니다. 그것은 문제의 뿌리, 즉 우리가 찾고자 하는 것입니다.

질문의 종류는 현재 사업이 어떤 상황인지에 따라 달라집니다. 사업이 시작 단계라면 시장을 구분하고 어떻게 침투할지에 목적을 두고 타깃의 연령대와 지역, 소득 수준 등을 고려해서 고객의 니즈를 파악합니다.

그리고 고객의 입으로 주요 경쟁자와 그들의 강점을 듣고 벤치마킹할 만한 특징을 파악할 수도 있습니다. 여기서 가장 중요한 점은 고객이 시장을 보는 프레임을 통해 우리가 침투할 포지션을 찾거나 경쟁사를 전

복시킬 수 있는 차별성이 무엇인지 답을 찾는 것입니다.

사업이 성장기에 있는 단계라면 신규 고객을 확보하는 고객 조사가 필요합니다. 빅데이터로 분석한다면 한 번 구매 후 이탈한 고객과 재구매를 한 고객의 차이를 분석해 인사이트를 발견할 수 있습니다.

매출이 늘고 있지만 BEP(손익분기점)를 넘지 못해 피벗을 고민하는 기업이라면 현재 진행 중인 서비스가 신규 고객에게 매력적인지 검증하는 작업을 해야 합니다. 부동산 플랫폼 직방이 직거래 형식의 서비스로 런칭한 이후 지금 버전인 공인중개사를 연결하고 매물 광고 등의 수익 모델로 전환한 것도 고객 조사를 통해 얻은 인사이트였습니다.

반면 실적이 내리막길에 향하고 있다면 이탈하는 고객에게 주목해야 합니다. 고객이 왜 제품을 구매하지 않거나 서비스를 이용하지 않게 되었는지 파악하는 것이 목적이지만 생각보다 쉽지 않은 과정입니다.

시장에 새롭게 등장한 가성비 좋은 대체제나 경기 변화로 가장 먼저 지갑을 열지 않게 된 아이템일 수도 있고, 너무 흔하거나 너무 올드한 브랜드 이미지 때문에 선택을 주저했을 수도 있습니다. 한두 번의 고객 조사로 쉽게 발견하기 어려운 것이 고객의 속마음입니다.

이때는 인터뷰와 빅데이터 분석을 함께 활용하는 것이 좋습니다. 어떤 단서를 로그 데이터에 흘렸는지 도움을 받을 필요가 있습니다. 또한 소셜 데이터인 네이버 연관 검색어의 변화나 SNS 해시태그의 변화도 고객 이탈의 원인을 찾는 데 도움이 됩니다.

인터뷰를 통해 얻을 것을 명확히 정리했다면 '누구를 만날 것인가'로 연결됩니다. 질문을 해결할 수 있는 사람을 찾는 것이 핵심입니다. 고객 특성에 기초해 마케팅을 집중 공략하는 CRM 전략을 가진 기업들은 대부분 고객 등급이나 고객 세그먼트Segment를 구분해 운영합니다.

예를 들면 VIP, GOLD, SILVER 등으로 구매 내역에 따라 등급을 구분하고, 고객이 관심 있어 하는 분야에 따라 패션, 금융, 여행, 문화 등으로 세그먼트를 만들어 효과적으로 고객을 관리하는 것이죠. 이 예시는 전통적인 모델 수준으로 최근에는 머신러닝을 활용한 마이크로 세그먼트Micro-segment나 개인화를 통해 보다 세부적으로 고객의 취향을 관리하고 적절한 콘텐츠를 제공합니다.

그런데 CRM 데이터를 제대로 활용하지 못하는 기업들이 의외로 많습니다. 단순히 등급을 산정해서 업셀링up-selling(기존 고객에게 이전 상품보다 더 비싼 상품을 구매하게 유도하는 방법)하거나 크로스셀링cross-selling(기존 고객에게 추가 제품을 구매하게 유도하는 행위)을 권유하는 캠페인에서 그치는 경우도 많습니다. 고객 조사의 중요한 원천을 모른 채 말이죠.

CRM 데이터를 분석하면 다양한 고객의 니즈를 발견하는 것이 가능해집니다. 한 주에 매장을 10번 방문한 고객과 1번 방문한 고객의 의견을 하나로 묶어서 전체 의견으로 결론 내릴 수는 없습니다. 10번 방문한 고객을 기존 고객으로 본다면 1번 방문한 고객은 전후 빈도에 따라 이탈을 염두에 둔 불만이 있는 고객일 수도 있고, 처음 진입한 신규 고객일 수도 있습니다. 두 고객의 경우 우리 제품과 서비스에 대한 이해가 다를 수밖에 없으므로 이런 의견들을 구분해서 결과에 반영해야 합니다.

P&G의 경영진이었던 A. G. 래플리는 고객 조사의 핵심을 '고객과의 신뢰'라고 말합니다. 특히 B2B 고객으로 갈수록 오랜 기간 쌓인 신뢰가 정확한 고객 조사의 원동력이 된다고 강조합니다. 맥킨지 역시 인터뷰 대상자를 철저히 존중한다는 철학을 갖고 있습니다. 그래서 인터뷰를 시작하자마자 단도직입으로 질문하는 것을 지양하고, 상대방에게 경청하는 모습을 보여주며 이야기를 이끌어냅니다.

고객 조사는 모든 일의 시작입니다. 고객 없이 비즈니스는 진행될 수 없습니다. 변화를 추구하지 않는 고객 조사 방법은 낡은 안테나로 주파수를 맞추려는 격입니다. 현재 기획하고 있는 프로젝트를 성공적으로 이끌어나가고 싶다면 착수 시점의 고객 조사를 프로세스로 정리하며 이보다 더 나은 방법은 없는지 찾아보기를 추천합니다.

> **오늘의 숙제**
>
> 1. 내 일의 고객은 누구인가요?
> 2. 고객이 내 일에 바라는 것은 무엇일까요? 직접적으로 고객과 커뮤니케이션한 적이 없다면 어떻게 고객이 바라는 점을 알 수 있을까요?

11

넓고 깊게
기업 역량 파헤치기

〜〜〜

기업 역량은 기획자라면 늘 가지고 있어야 할 생각의 축입니다. 산업 구조를 통해 경쟁전략을 찾아 포지셔닝하는 것이 마이클 포터가 주장한 이론이라면, 역량은 기업이 경쟁우위를 보유하고 있는 자원에서 기반합니다. 이는 C. K. 프라할라드C. K. Prahalad 교수 등이 주장한 이론으로 경쟁전략과 보완 관계에 있을 때 더욱 효과를 발휘합니다. 한쪽에 시장의 기회인 고객 수요와 트렌드의 변화가 있다면 다른 한편에는 기업의 역량이 있어서 변화에 따른 전략을 찾는 것이죠.

기업 역량에 대한 유명한 격언으로 "기업은 개별 사업의 집합이 아닌 역량의 집합체다"라는 말이 있습니다. 기업이 알고 있는 것과 보유하고 있는 것, 수행하고 있는 것이 기업 그 자체라는 이야기죠. 즉 기업이 가진 기술부터 지식, 자산, 프로세스까지가 기업의 역량에 해당합니다.

대상에 따라 나눠보면 멤버십 회원 수부터 고객 데이터, CRM 지식 등

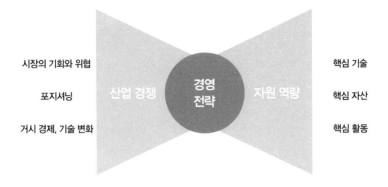

시장의 기회와 위협   산업 경쟁   경영 전략   자원 역량   핵심 기술

포지셔닝   핵심 자산

거시 경제, 기술 변화   핵심 활동

은 기업이 고객에 대해 갖고 있는 역량이고, 메타 의사결정(의사결정의 우선순위를 세우고 결정을 내리는 방법론)이나 구조조정 전략, 학습 능력, 시장을 읽는 비전을 가진 리더십은 경영자 차원의 역량으로 볼 수 있습니다. 이렇듯 조직 내부에서 벌어지는 경영에 관한 모든 일이 기업이 가진 역량입니다.

1980년대 전략이 경쟁이었다면 1990년대 이후 전략은 개리 해멀 교수 등이 주장한 것처럼 기업 문화를 포함한 역량으로 발전하고 있습니다. 따라서 기획자는 회사, 브랜드, 아이템이 시장에서 어떤 역량을 가지고 있는지 늘 생각하고 발전시킬 방법을 경영계획에 반영해 확인해야 하는 숙명을 갖고 있는 것이죠.

| 기업 역량의 핵심은 차별화 |

역량을 파악하는 것은 경영자 양성 과정에 단골로 나오는 커리큘럼입니다. 우리 회사가 다른 회사보다 어떤 유·무형 자원이 탁월한가, 고유한 자원은 무엇인가를 늘 생각하게 합니다.

미래의 역량에 대한 대답은 경영자가 풀어야 할 숙제입니다. 기획자도 당연히 이 질문을 피할 수 없습니다. 무형의 자원은 눈에 보이지 않기에 역량이란 말을 처음 들었을 때는 무척 어려운 개념처럼 느껴지지만 중장기 계획을 세우거나 회사의 비전과 미션을 재정립하는 일을 하면 자연스럽게 역량을 다루게 됩니다.

그러나 발전이 없는 기획자는 'XXX 프로세스 개선', 'OOO 투자를 통한 역량 구축', '### 인프라 구축' 같은 식으로 명사만 바꿔 작년과 차이 없는 보고를 합니다. 가장 무난하게 썼던 단어들을 가져와서 현재 시점에서 미래지향적인 것으로 수정하는 식이죠. 기업에 어떤 역량이 필요한지 모르니 실행되지도 않는 말들을 반복해서 쓰고 지우는 셈입니다.

크리스 주크는 기업의 역량을 파악하고 확장하는 것을 연구한 전략가로 정평이 나 있습니다. 그는 기업의 역량을 '차별화differentiation'로 정의합니다. 차별화는 성공의 시작이며 이를 시작으로 선순환된 학습 모델로 기업이 성장할 수 있다고 말합니다. 따라서 차별화의 원천을 이해하는 것은 기업 역량 분석의 핵심이며 조직의 최대 강점과 독보적인 사업 분야를 분석하는 작업이라고 역설합니다.

하지만 개인 입장에서 기업 단위의 역량까지 실무에 적용하기는 어렵습니다. 내 일을 더 잘하기 위해 기업의 역량이나 차별화 원천까지 파악하는 것은 지나친 노력이죠. 크리스 주크가 저서《최고의 전략은 무엇인가》에서 설명한 차별화 유형의 15가지 방법 중 우리가 실무에 활용할 수 있는 부분은 '운영 역량'에 해당하는 공급망과 유통, 생산과 운영, 개발과 혁신, GTM Go-to-Market 전략, 고객 관계 정도입니다.

가구업체 이케아 IKEA의 공급망 구축 역량, 맥주 양조기업 AB인베브 Anheuser Busch InBev의 비용 절감 툴, P&G의 협력과 개발 프로그램, 나이키 Nike의 브랜딩과 소매 채널 관리, 호텔기업 포시즌스 Four Seasons의 고객 피드백 체인 등이 기업 역량을 구축한 성공 사례로 꼽힙니다.

차별화 유형의 원천을 적용하려면 지금 내가 하는 일에서 어떤 역량이 경쟁자보다 우월한지 아는 것이 필요합니다. 더 높은 수준의 역량 확보를 위해 내 일에 어떻게 적용할지 생각해보는 것이죠. 특히 경영계획을 작성할 때 적용하기가 가장 좋습니다. 중장기 계획은 역량의 핵심입니다. 비용을 투자해 역량을 증진시키고 그 역량을 바탕으로 사업을 하자는 내용이 중장기 계획입니다.

중장기 계획을 시작하기 전에 크리스 주크가 제안한 몇 가지 질문을 고민해봅니다. 기업의 차별화 역량을 파악할 수 있는 방법입니다.

첫째, 경영진에게 회사의 차별화된 자산과 역량이 무엇이며 어떻게 측정할 수 있는지 물어보는 것입니다. 경영진이 상대적으로 실무자보다 한발짝 뒤에서 바라보고 있기 때문에 전사 차원에서 조직이 높여야 하는 역량의 방향과 정도를 파악하는 데 도움이 됩니다.

둘째, 과거 프로젝트들을 검토하고 정직하게 성과를 평가하는 것입니다. 회사는 보통 경영계획을 수립하기 전 과거의 아젠다를 분석하며 회사가 어떤 방향으로 가고 있는지, 전략의 수정이 필요한지를 냉정하게 검토하는 과정을 거칩니다.

셋째, 기업의 핵심 활동에 대한 '활동 체계'를 도표로 그리고 차별화가 이뤄진 부분, 취약한 부분, 강화되어야 할 부분, 역량 제고가 필요한 부분을 파악하는 것입니다. 한때 유행했던 BPR Business Process Re-engineering (기업 활동과 업무 흐름을 분석해 경영 목표에 맞게 재설계하는 것)이나 TOC Theory of Constraints (기업 활동에서 약한 부분을 고쳐 최종 결과물의 양과 질을 개신하는 방법) 이론과 유사한 개념입니다. 일을 실행하는 프로세스를 그려놓고 어떤 부분에서 성과가 나지 않는지 살펴보는 것이죠.

이처럼 크리스 주크가 프레임을 잡은 차별화 유형에 맞춰 질문을 해보면 회사가 어떤 역량을 지향하고, 현재 역량 구축을 제대로 하고 있는지 알 수 있습니다.

| 역량 차별화의 사례들 |

공급망과 유통 부분에서 차별화 요소를 생각해봅시다. 간단하게 보면 공급망과 유통의 역량을 구축하기 위해 연구개발비 항목을 어디에 쓸지

결정하거나 어떤 연구 인력을 스카우트할지 정하고 인수 합병할 기술을 정리하는 것이 역량 준비의 실체에 해당합니다. 연구비 외에도 양적인 투자도 역량 준비가 될 수 있습니다. 영업 채널을 어떻게 시장에서 독보적으로 가져가는가에 따라 같은 지급수수료가 비용이 되기도 하고 역량에 지불하는 돈이 되기도 합니다.

아마존의 대표적인 차별화는 저렴한 가격, 간편한 결제, 탁월한 배송 시간, 상품 추천 기술입니다. 전에 없던 구매 경험을 만든 노력으로 아마존은 2006년부터 2016년까지 10년간 1,910%라는 경이적인 주가 상승을 실현했습니다. 주요 경쟁사인 타깃Target만 2% 성장한 채 같은 기간 주가가 성장한 회사가 없을 정도로 시장을 독식했죠.

아마존의 역량은 하루아침에 구축되지 않았습니다. 특히 최종 마일(운송 허브에서 최종 목적지로 이동) 인프라 구축에 따른 비용은 공급망과 유통의 역량을 구축하는 차별화 요소 중 가장 많은 초기 자본이 들어가는 어려운 결정이었습니다. 자본이 생기는 대로 창고를 짓고 로봇이 상품을 선별하는 인프라를 구축하는 것은 의사결정에 대한 높은 책임을 감수해야 한다는 것을 보여줍니다. 대부분 기업의 경영계획이 단순히 말로 끝나는 경우가 많은 반면 성공한 기업은 결정에 대한 행동과 책임에 따른 명확한 보상으로 다음 단계로 나아갑니다.

최종 마일 인프라 구축을 위해 쏟아 붓는 비용 대부분이 인건비 중심으로 이뤄지는 국내 이커머스는 고객에게 제공하는 초저가를 지탱할 만큼 공급망에서 차별화를 이루지 못했습니다.

최저가, 새벽배송 등 뚜렷한 전략을 갖추고 있지만 이익까지 연결하기에는 초기 차별화를 만드는 역량의 구축 방법이 다소 효과적이지 못한 상태로 보입니다. 높은 인건비 구조를 낮추지 않으면 이커머스의 치킨게임은 벗어나기 힘들 것입니다. 그만큼 역량 구축은 쉽지 않고 초기에 큰 비용이 들지만 반드시 해결해야 다음 단계로의 접근이 가능해집니다.

기업이 시장 침투를 위해 전사적 역량을 모아 마케팅을 하는 GTM 전략에서 차별화를 이루는 것은 어떤 기업일까요? 차별화된 고객 경험을 제공하고 브랜딩을 구축하기 위해서는 어떤 노력이 필요할까요?

마케팅의 고전《포지셔닝》은 포화된 커뮤니케이션 세상 속에서 고객의 마음속에 들어가는 방법을 주제로 이야기합니다. 그중 하나는 앞서 소개한 것처럼 시장을 세분화한 다음 새로운 사다리의 가장 높은 곳에서 고객의 머릿속에 각인을 시키는 것입니다. 같은 카테고리지만 전혀 다른 상품의 종류로 처음 인식되게 하는 것이 중요하다는 이야기였죠.

상품, 서비스, 개인 브랜딩에 이르기까지 어떤 새로운 분야에서 처음 인식되는 브랜딩의 힘은 대단합니다. GTM 전략에서 역량을 구축하는 것은 어떻게 고객의 인지를 쪼개고 프레임에 균열을 낸 후 그것을 떠올릴 때 가장 먼저 기억되는 브랜드로 남을지에 대한 일련의 과정입니다.

유명 카페에는 '시그니처 메뉴'가 있기 마련입니다. 독특한 원두를 쓰거나 새로운 방법으로 메뉴를 개발하는 등 여행을 가면 꼭 들러야 할 맛집으로 지역의 핫플레이스가 되죠. 이런 상품을 만들고 다음 시리즈의 커피를 출시하는 것은 이 커피 브랜드만의 역량입니다.

고객에게 더 편리하거나 특별한 경험을 제공하는 것도 상품의 차별화만큼 고유한 수요를 창출할 수 있습니다. 세계적인 커피 전문점 스타벅스Starbucks는 처음에는 상품의 차별성을 무기로 국내에 들어왔습니다. 해외 유명세의 영향이 있긴 했지만 당시 대중화되지 않았던 커피를 많이 알린 계기가 되었습니다. 하지만 이후 수많은 커피 브랜드가 생겨나며 비슷한 상품으로 스타벅스를 추격했습니다. 이런 양적 시장에서도 스타벅스는 경쟁 브랜드와 뚜렷한 차이를 보였습니다. 그중 하나가 바로 '공간'을 역량으로 생각한 것입니다.

스타벅스 매장의 직원들은 혼자 온 고객이 주문도 하지 않고 앉아 있다고 해서 결코 눈치를 주거나 나가라고 말하지 않습니다. 스타벅스는 직영점으로 운영하기 때문에 대리점으로 운영하는 국내 일반 커피 브랜드보다 브랜딩 관리를 하기 쉬웠습니다. 단 한 잔의 커피 때문에 고객과 실랑이를 벌이거나 브랜드 이미지를 망칠 필요가 없었죠. 스타벅스의 감성적인 인테리어는 많은 유사 커피 브랜드들이 흉내 낼 수 있지만 이런 정책과 정책 이면에 담긴 역량의 정의까지는 따라올 수 없었습니다.

| 무엇이 가치 있는 역량인가 |

스타벅스와 다른 커피 브랜드의 차이를 생각해본다면 무엇이 기업의 역량이고, 무엇이 역량이 아닌 활동인지 구분할 수 있습니다.

1. 독점적 생산이나 유통을 하는가?

앞에서 다룬 사례들이 모두 그렇습니다. 전략을 통해 갖춘 역량은 독점성을 갖고 있습니다. 하지만 진입장벽이 얼마나 있는지 보고 높지 않다면 먼저 진입한 곳에서 더 높은 역량을 쌓아두고 기다려야 합니다.

새벽배송이라는 전략은 신선한 접근이었지만 더 근원적 역량인 물류와 구매 예측은 많은 기업에서 인프라와 데이터 과학으로 갖추고 있습니다. 니치마켓nich market(틈새 시장)을 타깃으로 서비스를 제공하던 기업들도 많은 O2O 기업의 등장으로 격한 경쟁을 맞이했습니다. 먼저 진입했다면 진입 과정 중에 알게 된 필요한 수요와 기술을 빨리 쌓아서 다른 사업 아이템으로 확장하는 것이 필요합니다.

배달 어플리케이션의 기업 역량은 배달을 좋아하는 고객에 대한 정보와 소상공인 정보, 더 넓고 빠르게 배달할 수 있는 물류에 있으므로 이런 것을 활용할 수 있는 다른 아이템으로 중심 기능을 넓혀갈 수 있겠죠.

2. 확산의 이유가 자원 때문인가?

사업 확장이 역량을 중심으로 진행되는지 알 수 있는 방법은 확장의 이유에 반드시 기존 사업의 기술이나 자원이 배경이 되는지의 여부입니다. 옷을 만드는 회사라고 해서 속옷을 팔다가 수영복을 팔 수 있을 거라는 생각은 자원에 기반한 의사결정이 아닙니다. 원료를 조달하고 봉제해서 매장에 입고하는 유통망 관리를 통해 판매하는 것은 같지만 그것만으로는 한계가 있습니다.

고객의 인지와 맞지 않거나 탁월한 기능 또는 저렴한 원가를 낼 수 없다면 짐을 하나 더 늘린 격에 불과합니다. 금광을 많이 확보한 기업에서 귀금속 브랜드를 하는 것이나 화학 기업에서 기능성 의류를 하는 것과는 다르죠. 유니클로도 히트 아이템이 차별화된 기능성을 보이는 데는 도레이화학과 기술 협업을 한 게 도움이 되었습니다.

또한 캐릭터를 활용한 사업을 하려면 자체 캐릭터를 갖고 있어야겠죠. 라인프렌즈와 카카오프렌즈는 캐릭터라는 뚜렷한 역량을 가지고 리빙, 의류, 이모티콘 등 다양한 사업을 하고 있습니다. 기존 역량이 침체되지 않게 캐릭터를 살리는 활동이 이 기업들의 역량 유지 활동이 될 것입니다. 반대로 많은 의류 기업이 외식 사업에 진출해서 실패하는 이유도 외식업을 단순히 점포 사업 정도로 생각하기 때문입니다. 자원 기반이 아니기에 고객에게 다가갈 역량이 실질적으로는 없는 것입니다.

3. 트렌드에 맞추는 수준인가, 파괴하는 수준인가?

남들 다한다고 해서 똑같이 시도하는 것은 좋은 전략이 아닙니다. 특히 IT 기술에서 많이 볼 수 있는데, 역량을 구축하기 위해 자금을 쓰는 게 아니라 누구도 보지 않을 일에 돈을 낭비하는 결과로 돌아옵니다.

경쟁사에서 멤버십을 운영하고 간편 결제를 한다고 해서 모든 회사가 따라할 필요는 없습니다. 이 부분을 의아하게 생각할 사람도 있겠지만, 이것이 정말로 필요한지 아닌지를 생각하는 과정이 필요합니다. 고객 수요와 경영 활동에 얼마나 중요한지 따져봐야 한다는 이야기죠. 남들이 만들어놓은 상품이나 서비스, 경험 제공은 후발주자가 되어도 비용만큼 효용이 돌아오지 않습니다. 차라리 그 자금으로 새로운 경험을 만드는 데 투자하는 편이 낫죠.

많은 기업이 자신만의 간편 결제 서비스를 만들고 포인트를 운영하지만 실제로 사람들은 잘 모르고 기업에서도 효과를 설명하기 어려운 상황을 겪습니다. 이것은 플랫폼의 역할을 잘 모른 채 무작정 따라하기 때문이죠. 큰 그림 안에서 어떤 플랫폼을 만들고, 경쟁 플랫폼과 무엇이 다른지, 우리의 이미지에 맞는 방법인지 고려한 상태에서 만든 게 아니라서 그렇습니다.

| 재무제표로 기업 역량 파악하기 |

조직에서 기업 역량에 대한 조언이나 히스토리를 듣기 어렵다면 재무제표로 역량을 파악할 수 있습니다. 쉽게 말해 대차대조표에서 어떤 자산이 지나치게 많다면 그 이유를 생각해보는 것이죠.

회사가 다른 회사에 비해 현금성 자산이 많다면 현금 회수 기간이 짧거나 투자를 하지 않았기 때문일 수 있습니다. 그렇다면 현금을 빨리 회수하는 시스템이 회사의 역량이 될 수 있습니다. 현금 회수의 속도는 사업 아이템은 아니지만 높은 효율로 사업을 성장시킬 수 있습니다.

반면에 건물 임차료가 더 높다면 영업망, 즉 오프라인 매장이 역량일 수 있습니다. 공간을 활용한 고객과의 높은 접점, 다른 곳보다 더 많은 고객 경험을 제공하는 것은 활용하기에 따라 높은 성장 동력이 될 수 있습니다. 한때 온라인 사업과는 거리가 멀었던 월마트Walmart가 픽업 서비스 등으로 가장 주목받는 유통기업으로 돌아올 수 있었던 데는 북미 지역에 많이 전개한 기존 유통망을 새로운 역량으로 보았기 때문입니다.

또한 손익계산서를 보면 회사의 역량을 알 수 있습니다. 연구개발비보다 광고비 증가가 높았던 기술 기반의 기업이 그동안 사용한 연구개발비 중심으로 다시 돌아오며 회생한 사례가 많습니다. 예를 들면 B2C 사업으로 실패한 전자기업들이 원천 기술을 바탕으로 B2B 사업 비중을 늘린 것이죠.

그럼에도 우리 주변에는 재무제표 어디를 찾아봐도 역량이 보이지 않는 기업이 많습니다. 예전에 중소기업 투자 관련 심사에 참여한 적이 있었습니다. 많은 팀과 면담했지만 이제 시작하는 것 이상의 의미를 찾기 어려운 기업이 많았습니다. 규제와 제도 하에서 벤더 역할을 하는 것에 그치는 기업이 대부분이었습니다.

좋은 사업 아이디어가 있으면서도 사업의 뿌리가 되는 기술을 편리함 때문에 아웃소싱을 준다면 기업 자체의 역량이 외부의 손에 맡겨집니다. 시간이 걸리더라도 자신만의 역량을 기획해야 합니다. 투자받은 자금이나 이익으로 벌어들인 자금을 거기에 쓰지 못하고 다른 양적 확장에만 쓰게 된다면 시장을 앞설 수 있는 역량이 상실됩니다.

업무 계획을 세우면서 이런 부분을 고려하지 않고 작년 것과 그대로 쓰거나 시장에서 유행하는 키워드나 기술을 잔뜩 적은 보고서는 기획자 스스로가 역량이 없다는 것을 자인하는 꼴이 되고 맙니다. 리서치를 넘어서 나만의, 또는 조직만의 방향을 기획하기 위해서는 현장과 책상에서 고민하는 시간이 필요합니다. 수요와 역량의 접점에서 말이죠.

오늘의 숙제

1. 같은 직무에서 나의 차별화 요소는 무엇인가요? 경쟁회사와 비교해서 회사가 고객에게 어떤 차별화된 가치를 주고 무엇을 더 잘한다고 평가받나요?
2. 금융감독원 전자공시시스템 홈페이지 등을 이용해서 회사의 재무제표와 다른 회사의 재무제표를 비교해봅시다. 어떤 항목이 다르고 왜 다른지 생각해보세요.

12

베스트 프랙티스를
수집하라

전략기획자 중에서 말 잘하는 사람이 많은 것은 이상한 일이 아닙니다. 단순히 미사여구를 늘어놓거나 전문적인 단어를 많이 쓴다고 해서 말을 잘하는 것은 아닙니다. 전략기획자는 늘 새로운 정보에 깨어 있기 때문에 이야기할수록 배울 점이 있고 자주 만나고 싶은 사람으로 분류됩니다. 그래서 그들이 최근 동향을 소개하는 세미나를 찾아가는 기업 임직원들이 많습니다.

전략기획자는 평소 공부를 게을리하지 않습니다. 시장의 동향과 주요 기업들의 실적에 늘 관심을 갖습니다. 신기술을 적용하는 스타트업의 다음 액션과 유료 소프트웨어 기업들이 만든 솔루션이 실제 실적의 변화로 이어졌는지도 꼼꼼히 체크합니다. 그래서 항상 말할 거리가 떨어지지 않습니다.

이런 기획자들의 좋은 습관은 단기간에 복잡한 문제를 해결해야 하는 업무적 성격 때문에 발생한 것입니다. 전략컨설팅기업에서 학습하는 방식을 일반 기업의 기획자에게 도입한 것이죠.

맥킨지 같은 기업이 프로젝트를 시작하기 전 자체 데이터베이스에서 최근 유사한 카테고리의 프로젝트를 수행한 이력이 있는지 학습하는 것은 더 이상 비밀도 아닙니다. 2000년대 초반까지 기업들을 휩쓸었던 '지식경영Knowledge Management' 방식도 여기서 나온 콘셉트입니다.

| 지식경영, 클리셰 경영을 깨다 |

진부한 생각이나 전형적인 방법을 '클리셰cliche'라고 표현합니다. 만화에서 슈퍼히어로가 절대적인 힘을 갖고 있어 결코 죽지 않는다는 설정이나 최종 보스가 죽으면 세상이 평화로워진다는 내용 같은 것이 보편적인 클리셰죠. 물론 클리셰의 종류는 문명 발전과 더불어 어마어마하게 축적됐습니다. 상투적이라는 단어의 뜻이 가장 보편적이고 많이 알려진, 그래서 상상이 어렵지 않은 것이기도 하니까요.

이제는 클리셰를 깨는 클리셰도 많아졌습니다. 어느 장르, 어느 산업에서든 기존의 클리셰들을 깨는 새로운 방법이 인기를 얻고 있습니다. 경영에서도 클리셰를 깨는 것을 '융합'이라고 부릅니다. 사업 아이템을 복합적으로 엮어서 출시하는 결합 상품도 있고 전략적 모티브를 다른 장르에서 가져오는 융합도 있습니다.

특히 지식경영으로 알려진 방식은 컨설팅회사를 중심으로 많이 사용되고 있습니다. 산업군의 구분을 넘어 성공의 핵심 방법을 동종 산업이나 다른 산업에 적용하고 있습니다. 지식경영은 크게 '현상에서 성공 지식을 원리로 요약'해서 '지식을 카테고리로 분류하고 도서관 형태'로 만든 다음 '지식을 열람해 새로운 프로젝트에 활용'하는 프로세스를 기반으로 하고 있습니다.

지식경영은 지식의 축적 및 창출, 그리고 이를 조직 전반에 효과적으로 적용하는 지식 공유 활동으로 정의됩니다. 〈Pearlson and Saunders〉의 2004년 자료에 따르면 지식경영은 다음과 같은 4가지 주요 프로세스를 포함하고 있습니다.

첫째는 새로운 지식을 발견하고 축적하는 지식 생성 프로세스, 둘째로는 지식의 연속적인 검색 및 정리 그리고 이를 요약하는 지식 습득 프로세스, 셋째는 지식의 접근과 전달을 용이하게 돕는 역할을 하는 지식 체계화 프로세스, 마지막으로 특정인이나 그룹으로부터 다른 사람이나 단체로의 지식 전달 및 병합 프로세스입니다.

앞서 기업 역량에 대해 살펴볼 때 지식이 자산 등 다른 자원과 동등하게 다뤄진 것처럼 지식을 처리하고 활용하는 프로세스 역시 관리되어야 한다는 것이죠. 특히 IT 시스템의 발달이 지식경영을 도왔습니다. 컨설팅기업은 프로젝트에 착수할 때 사례 중심으로 기존에 성공한 내용을 먼저 학습한 후 새로운 프로젝트를 본격적으로 진행합니다.

여기서 중요하게 생각할 부분이 새로운 프로젝트에 적합한 '지식을 어떻게 찾느냐' 하는 것입니다.

| 베스트 프랙티스를 모으는 방법 |

LG전자는 '베스트 프랙티스 어워즈Best Practice Awards'를 개최하고 있는데, 지난 2018년에는 32개국 판매법인의 마케팅 담당자들이 마곡에 위치한 LG사이언스파크에 모여 각국의 마케팅에 관해 이야기했습니다. 이런 행사는 개최할 때마다 적지 않은 비용이 들지만 각 나라의 특색에 맞게 마케팅한 사례와 결과를 공유함으로써 우수한 사례의 원리를 전사 차원에서 나누는 의미를 갖고 있습니다.

LG그룹은 전 계열사에 걸쳐 회사별 베스트 프랙티스를 나누는 문화를 갖고 있습니다. 내부의 우수 사례를 확산하기 위해서는 먼저 우수 사례를 모으고 공유하는 문화가 중요하기에 일관성 있게 이런 행사를 유지하고 있습니다.

최근에는 이종 산업의 베스트 프랙티스를 적용하는 케이스도 늘어나고 있습니다. 같은 산업에서의 벤치마킹은 결국 후발주자에 머물기 때문에 변화하는 고객의 취향을 맞춘 다른 산업의 요소를 차용하는 것이죠. 애플의 아이폰이 출시된 이후 스마트폰뿐 아니라 다양한 가전제품, 웹사이트 디자인 등 산업 디자인 전반에 심플한 디자인이 유행한 것과 같은 원리입니다. 아마존의 간편한 결제 방식 역시 전자상거래를 넘어 모바일 등 전체적인 UX 변화를 주도했습니다. 이처럼 이종 산업의 우수 사례를 통해 새로운 고객에 맞는 변화 방식 철학을 배울 수 있습니다.

그래서 기획자는 베스트 프랙티스를 모으는 작업이 중요합니다. 많은 양의 베스트 프랙티스를 확보할수록 지식의 한계를 뛰어넘을 수 있고, 시행착오를 줄이면서 나아가야 할 방향을 명확히 정할 수 있습니다.

베스트 프랙티스를 모을 때는 유니콘 기업이나 사람들에게 바이럴 마케팅이 되고 있는 기업, 한두 개 채널을 보유하고 있으면서도 극적인 매출을 올리고 있는 기업을 중심으로 살펴봅니다. 매출이나 이익 등 사업 모델의 건전성을 입증할 수 있는 숫자가 함께 있으면 베스트 프랙티스를 검증할 때 보다 도움이 됩니다. 그리고 이런 내용을 맥킨지처럼 데이터베이스로 만들어서 분류하고 적재하는 것이 활용에 도움이 됩니다.

베스트 프랙티스를 모을 때는 상업적인 목적으로 만든 베스트 프랙티스를 구분해야 합니다. 흔히 글로벌 IT 솔루션 업체 등에서 제품 판매를 돕기 위해 먼저 솔루션을 경험한 업체의 작은 시도를 큰 성공 사례인 것처럼 홍보하며 구매를 유도합니다. 베스트 프랙티스 사례를 찾게 되면 어디서 정한 것인지를 보고 제품, 서비스와 연결된 업체에서 주최하는 행사에서 나온 것이라면 정말로 성과가 그곳에서 비롯되었는지 정확한 숫자로 검증해보는 과정이 필요합니다.

물론 다른 회사에서 성공 사례를 우리 프로젝트에 적용한다고 해서 같은 성과가 나오는 것은 아닙니다. 공주가 주인공인 애니메이션에 아름다운 뮤지컬과 귀여운 캐릭터를 넣는다고 해서 〈겨울왕국〉이 되는 것은 아니죠.

기업에서 지식경영이 어려운 점은 '새로운 클리셰'를 많이 확보하지 못했다기보다 우리의 전략(클리셰)과 접목되는 전략(클리셰) 사이에서 충분한 임상실험을 하지 못했다는 데 있습니다. 외부에서 새로운 전략적 포인트를 도입하자는 사람은 보통 고위 임원이기 때문에 이것에 대한 반대나 검토 의견은 항명으로 인식되는 기업 문화가 만연해 있습니다.

경영 비전이나 철학이 없는 경우 새로운 지식의 도입은 브랜딩 자체를 위협합니다. 예를 들어 생산 공정 단계에서 원가 절감 방법과 신규 기술을 창출하는 투자가 혼재될 때 이것은 '사공이 많은 배'로 귀결될까요, 아니면 이도 저도 다하는 '양수겸장兩手兼將'의 미덕으로 귀결될까요?

기업 스스로가 전략적 우선순위를 정하지 못하면 실무자들은 혼재된 철학 속에서 비용과 시간 어느 하나도 잡지 못합니다. 그러나 트렌드의 방향을 파악하면 전략적 우선순위도 명확해집니다. 내부 프로세스에서 상반된 가치를 가진 프로세스가 부분적으로 도입된다 해도 큰 그림 안에서는 서로를 보완하는 방법이 될 수 있습니다. 물론 그 전에 큰 그림에 대해 임원부터 실무자까지 이해되지 않는다면 서로를 잡아먹는 결과로 마무리될 수도 있습니다.

지식경영 과정에서 테스트가 필요한 것은 이 때문입니다. 명절마다 파일럿 형태의 신규 예능 프로그램이 방영되는 것처럼 기업도 임상실험을 합니다. 팝업 스토어를 열거나 티저를 보여주고 사전에 고객 반응을 봅니다. 재무적으로 위험이 예상되면 아예 분사해서 진행하기도 합니다. 여기서 전제 조건은 테스트 결과가 무조건 'YES'가 될 수 없다는 것을 받아들이지 않으면 요식행위에 불과할 뿐이라는 사실입니다.

애널리스트가 기업 주식을 분석하고 발행하는 보고서마다 전부 'BUY'라면 아무도 그를 신뢰하지 않을 겁니다. 기업의 테스트도 마찬가지겠죠. 하지만 이렇게 우려하는 일이 실제로는 비일비재하게 벌어집니다. 단 몇 글자의 보고서로 임원을 속이면 그만이기 때문입니다.

보다폰의 전 CEO 크리스토퍼 겐트Christopher Gent는 외부 사업 모델을 회사에 적용할지 고민할 때마다 몇 가지 기준을 정해 프로세스로 정리했습니다. 이것을 '브로켓 홀Brocket-hall'이라고 불렀습니다. 브로켓 홀을 통해 고위 임원들과 사업 모델을 전략적으로 검토했고, 마침내 보다폰은 영국의 소규모 통신업체에서 글로벌 기업으로 변신할 수 있었습니다. 브로켓 홀의 주요 질문은 다음과 같습니다.

-이것이 우리의 핵심 모델을 강화하게 될 것인가?

-미래 차별화 방안은 무엇이며, 필요한 기회를 어떻게 확보할 것인가?

-세계적으로 적용할 수 있는 반복 가능한 모델을 창출할 수 있는가?

-각각의 기회는 미래를 위한 핵심 역량을 강화할 것인가?

-우리는 이 전략을 실행할 역량이 있는가? 아니면 이것이 핵심 사업에 대한 집중력을 떨어뜨릴 것인가?

-이것이 제공하는 기회와 위험은 어떻게 상호작용하는가? 그리고 이를 어떤 방식으로 평가할 것인가?

질문의 디테일은 달라질 수 있어도 질문이 추구하는 방향은 내 일에도 동일하게 적용됩니다. 잊지 말아야 할 점은 외부 베스트 프랙티스를 '왜 검토하는가' 하는 것입니다. 베인앤컴퍼니의 경영 컨설턴트 크리스 주크는 베스트 프랙티스의 검토 의의가 기업 내부가 아닌 시장에서 기업을 바라보는 시각에 있음을 강조합니다.

경쟁사보다 앞선 핵심 역량과 차별화를 통해 전략을 확보하고 있는지, 경영자와 일선 조직 그리고 시장 사이의 거리를 좁히기 위한 초점을 외부에 두고 있는지, 시장 피드백의 확보 처리, 활용에 체계적인 학습 시스템을 구축하고 있는지가 변화의 핵심 원칙이라고 주장합니다. 즉 매일 생각하는 패러다임이 아닌 새로운 패러다임을 집어넣어 정반합의 과정을 기업 내부에서 소화하는 정기적인 훈련을 해야 기업이 추구하는 본질인 고객 가치를 잃어버리지 않는다는 이야기죠.

예전보다는 베스트 프랙티스를 활용한 경영 트렌드가 줄어든 것 같아 보입니다. 시대가 빨리 바뀌니까 과거의 것은 필요 없다는 식의 이야기도 들립니다. 하지만 다른 사람의 말을 무조건적으로 수용하기 전에 스스로에게 질문해봐야 합니다.

실제 많은 실무에서 지금 내가 하고 있는 일을 어떻게 잘할 것인지를 두고 외부 사례를 통해 해법을 찾아가는 방식은 일상이 되고 있습니다. 인공지능의 활용만 하더라도 '이런 사례가 있으니 우리도 적용해보자', '이런 논문이 나왔는데 핵심 내용과 실험을 우리도 해보자' 등의 논의가 SNS를 통해 이뤄지고 있습니다. 과거 폭포수 방식Water-fall에서 애자일 방식으로 베스트 프랙티스 활용 방식이 바뀌었기 때문에 티가 나지 않을 뿐 열린 채널을 통해 우수 사례를 더 많이 보고 적용하는 기업이 늘고 있는 것이죠.

그렇다면 지금 내가 하고 있는 일을 바꾸기 위해서는 무엇부터 해야 할까요? 일단 동종 업계에서는 어떻게 일하고 있는지 찾아보세요. 구글링을 하거나 기사를 찾아보고 검증하는 사이에 업계의 변화와 트렌드가 그려지기 시작할 것입니다. 그다음 브로켓 홀의 주요 질문들을 거치다 보면 내 일에 적용할 수 있는 진짜 가치를 발견하게 될 겁니다.

"

**오늘의
숙제**

1. 최근 투자를 많이 받고 있거나 매출 성장이 좋은 경쟁 회사를 찾아봅시다.
2. 경쟁 회사의 서비스, 제품에 대해 브로켓 홀의 주요 질문을 적용해봅시다.

"

13

일단 KPI부터
해결합시다

~~~

KPI는 회사생활을 하는 내내 가장 많이 듣는 단어 중 하나입니다. KPI는 핵심성과지표입니다. 핵심 활동을 측정하는 일종의 채점표로, 최종적으로 달성하고자 하는 정량 목표인 매출이나 이익을 달성하는 데 필요한 활동의 진척을 보는 것입니다.

KPI가 기업의 정량 목표 달성을 위해 개인별로 역할과 목표를 나누는 개념이라면 최근 이슈가 되고 있는 OKR은 개인 단위가 아닌 핵심 목표, 즉 사업이나 프로젝트 단위로 성과를 측정하는 프레임이라는 차이가 있습니다.

예를 들어 어느 회사의 목표 매출이 100억이라고 가정할 때 KPI는 조직별로 목표 매출을 나눠 A조직은 70억, B조직은 20억, C조직은 10억으로 구분합니다. 그리고 조직별로 더 작은 파트가 있다면 물리적으로 합이 맞을 수 있게 목표를 세분화합니다.

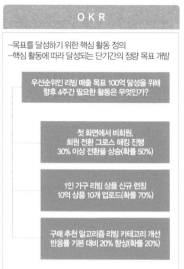

KPI

−목표 매출을 조직 단위로 하달
−목표 매출을 달성하기 위한 물리적인 세부 지표 개발

회사 목표 100억 매출		
	A사업 70억	Aa아이템 40억
		Ab아이템 25억
		Ac아이템 5억
	B사업 20억	Ba아이템 10억
		Bb아이템 10억
	C사업 10억	Ca아이템 7억
		Cb아이템 2억
		Cc아이템 1억

OKR

−목표를 달성하기 위한 핵심 활동 정의
−핵심 활동에 따라 달성되는 단기간의 정량 목표 개발

우선순위인 리빙 매출 목표 100억 달성을 위해 향후 4주간 필요한 활동은 무엇인가?

첫 화면에서 비회원, 회원 전환 그로스 해킹 진행 30% 이상 전환율 상승(확률 50%)

1인 가구 리빙 상품 신규 런칭 10억 상품 10개 업로드(확률 70%)

구매 추천 알고리즘 리빙 카테고리 개선 반응률 기본 대비 20% 향상(확률 20%)

• **유통 채널의 매출 목표에 대한 KPI와 OKR**

만약 A조직의 사업 아이템이 Aa, Ab, Ac가 있다면 각 아이템별로 매출을 구분하는 식이죠. Aa 40억, Ab 25억, Ac 5억으로 나누고 Aa를 더 세분화하든지 Aa의 매출을 내는 데 핵심적인 판매율이나 회전율 등의 지표가 있다면 하부 KPI로 나눠 매출을 올릴 수 있는 논리를 뿌리부터 만드는 형식입니다.

회사에 따라 다르긴 하지만 개인 단위까지 KPI를 나눠 명확한 금액으로 평가받기도 합니다. MD가 대표적인 예입니다. MD가 담당하는 아이템이 있으니 각각 매출과 이익을 KPI로 받고, 세부적으로 그것을 가능하게 만드는 원가율, 판매율, 아이템 수까지 KPI로 부여받기도 합니다. 반대로 팀 단위로 KPI를 세팅하는 회사도 있습니다.

OKR은 KPI처럼 회사의 전체 실적을 보고받아서 원인을 파악하는 방식이 아닙니다. 핵심만 보겠다는 것이죠. 그래서 몇 가지 주요 과제를 목표로 세우고 달성 여부만 확인합니다. 보다 핵심에 집중할 수 있고 과업의 디테일은 뛰어나지만, 사람을 평가하는 디테일은 KPI보다 떨어집니다. 하지만 성장 중심의 조직에 어울리는 것으로 각광받고 있습니다.

OKR은 경영학자 짐 콜린스가 주장한 BHAG Big Hairy Audacious Goal 목표처럼 큰 이상을 향한 수준으로 목표가 높습니다. 목표 달성을 추구하지만 만약 달성하지 못한다고 해도 현재보다는 더 나은 방식을 택하리라는 믿음이 전제된 세팅 방법입니다. KPI에 비해서 사용하는 회사가 많지는 않습니다. 반면 KPI는 성과지표로 대기업부터 스타트업까지 두루 활용되고 있습니다. 평가의 근거로 삼을 수 있다는 특징 때문이죠.

| KPI를 이해할 수 있는 BSC 시스템 |

KPI는 하나의 체계를 이룹니다. KPI의 활용을 전사적인 관점으로 조명한 로버트 캐플런 교수는 BSC라는 균형성과표를 통해 설명했습니다. 앞선 챕터에서 간단히 다룬 바 있지만 KPI에 방점을 둔 이론이므로 여기서 더 자세히 보도록 하겠습니다.

캐플런 교수는 KPI가 현업에서 주로 활용되는 재무적 관점 외에도 고

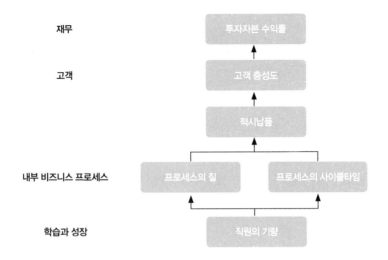

재무   투자자본 수익률

고객   고객 충성도

적시납품

내부 비즈니스 프로세스   프로세스의 질   프로세스의 사이클타임

학습과 성장   직원의 기량

객, 내부 비즈니스 프로세스, 학습과 성장이라는 4가지 관점을 더해 패키지로 다뤄야 한다고 주장합니다. 근거 중 하나로 4가지 부문의 KPI가 인과관계를 가지고 기업을 발전시켜 나간다고 설명합니다.

먼저 직원의 기량이 학습되고 성장하는 것이 설계되어야 하며 가능한 한 KPI로 측정되어야 합니다. 파편화된 조직에서 놓치는 부분이죠. 학습을 개인의 몫으로 생각하는 기업에서는 다루지 않는 부분입니다.

하지만 캐플런 교수는 조직이 성장하는 데 직원의 학습 목표와 그것을 달성할 수 있는 전략이 기초에 있다고 설명합니다. 여러분이 리더라면 조직원의 측정지표에 학습과 성장의 방향이 담겨져 있는지 생각해보는 것이 필요합니다. 직원의 기량이 내부 비즈니스 프로세스를 바꾸기 때문이죠.

캐플런 교수는 직원의 기량 성장이 내부 프로세스를 바꾸는 과정을 프로세스의 사이클타임과 프로세스의 질로 구분해 설명합니다. 프로세스의 사이클타임은 제품이나 서비스가 생산되는 시간을 말합니다. 제품이나 서비스를 얼마나 빠르게 공급할 수 있느냐는 측정하기가 비교적 쉽고 숙련에 따른 단순한 오퍼레이팅에 따라 달성될 수 있습니다. 가장 고전적인 KPI 중 하나입니다.

하지만 여전히 속도가 중요한 프로세스가 있습니다. 목표 매출이나 원가를 달성하기 위한 기초지표에 해당되는 내용입니다. 프로세스의 질을 바꾸는 것은 단순히 빨리하는 것과는 다릅니다. 서울과 부산을 오가는 거리를 측정해서 단축시키는 게 프로세스의 사이클타임을 단축시키는 사례라면, 다른 도로를 개척한다거나 버스가 아닌 기차나 비행기를 이용하는 등 방법을 고안하는 것이 프로세스의 질입니다.

항상 프로세스의 질이 프로세스의 사이클타임을 단축시켜야만 하는 것은 아닙니다. 비용과 편익을 비교할 때 과거보다 속도가 줄어들지 않아도 더 많은 양을 처리할 수 있다면, 즉 이익이 탁월하게 증가할 경우 프로세스의 질이 프로세스의 사이클타임을 단축시키지는 않습니다. 하지만 이것이 가능하기 위해서는 공통적으로 프로세스를 기획하고 직원의 기량이 학습으로 성장해야 합니다. 캐플런 교수는 이 사이의 KPI 인과관계를 측정해서 개선할 수 있다고 보는 것이죠.

결국 회사의 프로세스는 가치를 사용할 고객 관점까지 이어져야 사업으로 의미 있게 발전할 수 있습니다. 캐플런 교수가 BSC 이론을 정립할 때는 주로 제조업이 산업에서 차지하는 비중이 높았기 때문에 고객 관점의 KPI로 적시 납품과 고객 충성도를 생각했습니다.

적시 납품은 고객이 원하는 시기와 장소에 맞게 우리가 제공하는 가치가 전달될 수 있어야 한다는 것입니다. 이런 개념은 서비스 산업 비중이 훨씬 커진 오늘날에도 부합하는 콘셉트입니다. 흔히 온디맨드로 불리는 서비스들은 고객의 니즈에 맞는 정확한 시간, 장소, 방법을 요구합니다.

최근에는 로켓배송, 샛별배송, 새벽배송 등 프로세스의 한 부분만 바꿔도 고객에게 새로운 가치를 전달할 수 있는 사례를 쉽게 볼 수 있습니다. 특히 마켓컬리는 신선식품에 특화되어 고객 니즈가 절실한 부분부터 고객 관점의 서비스를 재정의했습니다. 적시 납품은 측정이 가능합니다. 고객 만족도는 동일 고객의 재구매율이나 평점, 상품평의 긍정 비중 등으로 개량할 수 있습니다.

고객에게 상품이 전달되는 적시 납품은 적시 납품 비중, 적시 납품 가능 상품 수, 적시 납품 매출액 등으로 측정지표를 만들 수 있습니다. 이것은 결국 내부 비즈니스 프로세스인 프로세스의 질과 프로세스의 사이클 타임으로 측정할 수 있습니다. 배송 시스템을 고객 관점으로 맞추기 위해 내부에서 바꿔야 할 것이 있죠. 중간 물류 단계에서 단계별 걸리는 시간이나 수요 예측을 통해 창고에 재고를 확보할 때 예측의 정확도를 실제 주문 수와 비교해서 측정지표로 삼을 수 있습니다.

물류의 정시성이나 예측의 정확도, MD한 상품의 수요를 향상시키기 위해 각 직무 담당자들이 학습하고 성장해야 하는 방향도 KPI로 정할 수 있죠. 필요한 기술이 어느 단계에 이르렀는지 정하는 것이 그것입니다. 예측이라면 모델링의 정확도를 지표로 만들 수 있고, 새로운 기법을 적용하여 구축한 예측 모델링은 정성적인 평가 지표로 만들 수 있습니다. 물류나 엔지니어링 분야처럼 자격증으로 객관적인 역량을 평가할 수 있다면 자격증 취득이나 점수 향상 등을 학습과 성장의 측정지표로 정할 수도 있습니다.

이 모든 결과는 고객 관점에서 고객 충성도를 얻고 적시 납품이 되기 위한 것에서 역으로 출발하여 일련의 KPI 체계로 연결됩니다. 배송 혁신을 통해 새로운 가치를 만드는 기업에서는 이런 KPI로 시장 혁신을 주도하고 있습니다.

캐플런 교수가 KPI의 마지막 요소로 말한 재무적 관점은 고객 관점의 측정지표가 제대로 달성되었을 때 최종적으로 기업에서 성과로 나타나는 후행지표입니다. 매출 성장률이나 투하 자본 수익률 같이 기업이 존속할 수 있고 투자자들이 기업 가치를 평가하는 데 기준이 되는 재무 관점의 KPI는 그것만으로는 어떠한 것도 이룰 수 없는 껍데기입니다.

'매출액 OO억 달성', '이익률 O% 달성', '회전율 O% 이상 달성' 같은 목표는 KPI의 대표격이라 생각될 만큼 기업에서 가장 많이 공유되고 있습니다. 개인마다 이런 부류의 KPI를 경영계획 목표로 갖고 있고 평가받는 일이 많습니다. 하지만 이런 목표는 너무 크기 때문에 달성을 위한 별도의 방법을 생각해야 합니다.

처음부터 자원과 프로세스 기반으로 재무적인 목표가 세팅되지 않는다면 KPI는 도전의 대상보다는 스트레스로 전략해 오히려 신경 쓰지 않게 됩니다. 그래서 KPI의 인과관계 사슬에 따라 재무 목표는 고객 관점의 측정지표와 반드시 연결돼야 하죠. 그래야만 재무 목표를 달성하기 위해 내부 효율만 추구하는 방식을 지양하고 고객에게 어떤 가치를 전달할지 준비할 수 있습니다.

| 행동지표의 등장 |

BSC 이론이 시장에 나온 지 20년이 지났지만 기업의 측정지표는 단순화되지 않고 오히려 더 복잡해졌습니다. 세계 경제가 호황보다 불황이 더 많았기 때문이죠. 기업 활동이 잘될 때는 그냥 넘어가도 될 일들이 실적이 악화되면서 명확한 원인을 찾기 위해 측정되기 시작했습니다. 기업은 실패 원인을 경영자의 의사결정에서 찾기도 하고 너무 커져버린 조직 내부에서 숫자로 찾기도 합니다.

그래서 결과를 통해 KPI를 평가하는 것에서 결과 도출을 위한 중간 행동을 평가하는 단계까지 내려갔습니다. BSC로 내부 비즈니스 프로세스를 측정하는 것과 유사한 '행동지표'의 등장입니다. 행동지표는 매뉴얼이나 체크리스트와 비슷한 개념으로 쓰이고 있습니다.

기존에 검증된 고성과 케이스를 분석해서 성과를 내는 최적화된 행동을 정의하고 사람들이 얼마나 유사하게 따라하는지 측정하는 것이죠. 창의성이 필요하고 변화가 잦은 산업과는 어울리지 않는 개념이지만 상당수의 기업이 성과를 짜내기 위한 방법으로 활용합니다. 표준화가 필요한 영역에서도 사용되고 있습니다.

브랜드마다 다르지만 일반적으로 의류매장에서 직원을 측정하는 KPI는 매출액, 재고율, 회전율 등으로 평가합니다. SPA 브랜드처럼 규모가 큰 매장은 층별 또는 종별로 매출액, 재고율, 회전율을 세분화해서 측정합니다. 한 걸음 더 들어가보면 매장 직원들을 평가하는 행동지표가 따로 있습니다.

하나의 상품이 팔리면 창고에서 다시 상품을 가져와서 매장에 진열하는 필업fill-up을 하는 직원은 필업에 걸리는 시간, 결품이 발생하는 상품 수가 측정의 대상이 됩니다. 결품이 발생하지 않아야 매장 매출이 높아진다는 로직이 KPI 정의에 깔려 있습니다. 이를 위해 회사는 행동지표를 만들고 필업 직원들에게 숙지하게 합니다. 그다음 행동지표대로 일을 하는지 측정하고 평가합니다. 흔히 공중화장실 벽에서 볼 수 있는 화장실 관리표와 비슷합니다.

행동지표는 직원들이 빠른 시간 내에 업무에 적응하고 고객에게 균일한 서비스를 제공할 수 있다는 장점이 있는 반면, 직원들이 더 좋은 아이디어를 제안했을 때 쉽게 반영되지 않고 집단지성이 필요한 부분을 완전히 무시하는 경향이 있습니다. 따라서 행동지표는 정기적으로 피드백하고 구성원의 합의를 거쳐 바꿔나가는 고정적인 시간이 필요합니다.

저의 업무 프로세스에는 KPI 셋업이 필수적으로 들어가 있습니다. 업무가 지향하는 결과에 따라 KPI는 프로젝트 셋업 때 함께 작성됩니다. 하지만 캐플런 교수의 KPI 체계에 따른 BSC 구축이 늘 이뤄지는 것은 아닙니다. 학습과 성장이라는 뿌리에서부터 출발하는 BSC 이론에 따라 4가지 체계가 모두 세팅되는 것은 연간 경영계획을 세울 때 정도입니다.

내부 비즈니스 프로세스에 대한 KPI 수립도 중장기 영역에 있는 측정 지표입니다. 내부 프로세스를 준비하는 일은 상품이나 서비스를 제공하고 출시된 것을 가격이나 프로모션 수정을 통해 리포지셔닝하는 것보다 더 많은 시간이 필요합니다. 따라서 구성원들이 학습을 통해 정한 연간 계획을 기초로 프로세스 변화가 이뤄집니다.

이 과정에는 많은 자원이 필요한 투자도 있어서 한 번 세운 방향을 중간에 수정하는 일은 드뭅니다. 학습과 성장, 내부 비즈니스 프로세스는 이렇게 시간과 비용이 많이 투여되기 때문에 수립 전 충분한 고객 조사가 이뤄집니다. 아젠다 수립과 함께 이뤄지는 것으로 생각하면 됩니다.

예를 들어 한 회사가 마이클 포터의 경쟁우위 이론을 바탕으로 낮은 원가의 우위를 내세워 시장에서 차별적 가치를 만들고 있다고 가정해봅시다. 그런데 매년 판매율과 신규 고객 수가 감소하고 있어 고객 조사를 통해 원인을 파악하려고 합니다. 고객 조사로 알게 된 사실은 고객이 더 이상 낮은 품질의 상품을 선호하지 않는다는 것과 낮은 원가를 유지할

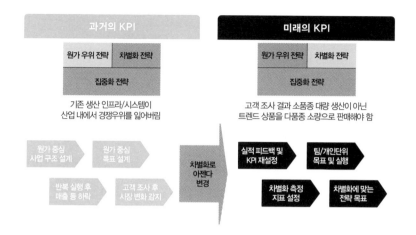

수 있었던 경쟁우위의 원천인 생산 인프라와 시스템을 경쟁사에서도 활용하고 있다는 것입니다. 그렇다면 위의 그림처럼 기존에 중요하게 생각했던 경쟁우위 바탕의 측정지표를 변화할 필요를 느낄 겁니다.

기존에는 저렴한 원가로 소품종 대량 생산을 했기에 개별 SKU stock keeping unit (재고의 최소 관리 단위) 수량이 얼마나 큰지, 전체 상품군의 판매율이 얼마인지를 중심으로 KPI 체계를 세팅했습니다. 조직과 개인의 목표도 이에 맞춰 상품을 저렴하게 생산할 수 있는 인프라를 구하거나 대량으로 상품을 보여줄 수 있는 판매 채널 수립에 주목했습니다. 하지만 차별화로 아젠다를 변경한 후 이런 목표와 측정지표는 전략과 맞지 않아 변화가 필요합니다.

이럴 때는 레퍼런스를 참고하는 게 보통입니다. 앞에서 설명한 베스트 프랙티스를 수집하는 것이죠. 시장에서 차별화 전략으로 해당 아이템을 잘 판매한 사례를 찾습니다. 그리고 현재 마주한 시장 트렌드에 맞게 다품종 소량 생산으로 전략 방향을 수정합니다. 어느 전략이든 리스크가 있지만 잘 팔리는 상품의 파이를 키우는 애자일 방식의 생산 포맷을 택합니다.

그리고 유연한 재무 구조를 선택합니다. 전체적으로 일하는 방식이 달라집니다. 변화하는 아젠다에 맞는 사람으로 조직이 다시 세팅됩니다. 세팅된 조직에 맞는 목표가 다시 옵니다. 몇 달 내 몇 개의 상품을 만들고 그중 잘 팔리는 상품을 미리 찾는 데이터 과제도 붙습니다. SNS에서 스팟spot 성격으로 치고 빠질 수 있는 마케팅 전략과 페이지 뷰 등의 KPI가 만들어집니다.

기존에 없던 방식으로 만든 비즈니스 구조이므로 처음 세팅하는 KPI 앞에서 다들 머뭇거리지만 결국 하나의 목표를 정하고 추진합니다. 몇 주 뒤 전체 실적을 피드백하고 보완하는 과정이 따릅니다. 헤드쿼터에서는 실적과 OKR 목표가 연결되는 로직을 만들기도 합니다. 재무적인 성과와 비즈니스 행동지표를 연결하는 것이죠. 재무 목표가 설계되면 주주에게 공유할 내용은 물론 장기적인 성장 역량을 확보하기 위해 학습에 대한 개인별 목표도 정해집니다. 이처럼 KPI 변화는 회사 전체의 변화와 직접적으로 연결됩니다.

KPI는 고객 관점과 재무 관점에서 함께 다루는 것이 좋습니다. 고객 가치와 재무 가치가 상충하는 부분이 있습니다. 고객은 좋아하지만 적자가 커지는 경우도 있고 반대로 단기간에 높은 실적을 올리지만 고객은 얻을 가치가 없다고 판단하고 경쟁 브랜드로 이탈하는 경우도 있기 때문입니다.

항상 출발점은 고객 관점으로 세팅해야 합니다. 고객에게 줄 가치를 KPI로 정리해서 중장기적인 수요를 확보하고 그것을 뒷받침하는 수익 구조를 재무 관점 KPI로 설계합니다. 고객 관점의 KPI를 정의하고 바꾸는 것이 선행지표라면 재무는 후행지표이기 때문이죠. 재무지표부터 현장을 바꾸면 고객이 원하는 것을 바라보지 못하고 원가 절감이나 기존에 이익이 나는 아이템에만 자원을 몰아주어 새로운 성장 동력을 바라보지 못하는 부분적인 최적화를 유발할 수 있습니다.

오늘의 숙제

1. 내가 하는 일은 어떤 KPI를 적용받고 있습니까?
2. 고객에게 좋은 평가받기 위해 현재 KPI 항목과 값이 어떻게 바뀌는 것이 좋을까요?

14

KPI를 설정하기 전에
미리 알면 좋았을 것들

실전에서 KPI를 설정할 때 주의해야 하는 기준이 있습니다. 이론과 실전은 다른 면이 있기 때문이죠. KPI를 성과와 연동하고 구조적으로 선행지표와 후행지표, 조직 전체의 숫자와 개인의 숫자를 연결하고 로직까지 맞췄다고 해도 실전에서는 부족한 부분이 발생합니다.

현장에서 KPI를 설계하면서 깨달은 사실은 모두의 성과를 같은 KPI로 측정할 수 없다는 것과 KPI의 존재 이유가 직원에게 동기부여하기 위함이라는 것입니다. 이 두 가지 전제를 잊어버리면 아무리 철저하게 설계한 KPI도 현실에서는 위력을 발휘하지 못합니다.

KPI를 수립하기 전에 다음의 질문들을 함께 생각해봅시다.

　보통 개인이 한 가지 KPI만으로 성과를 평가받는 경우는 드뭅니다. 조직 단위의 실적뿐 아니라 프로젝트 참여도, 협업 기여도 등 여러 레벨에서 평가받습니다. 단 이런 목표들은 똑같은 가중치로 반영되지 않습니다. 기업마다 특징이 있죠.

　이커머스 기업을 예로 들어보겠습니다. 다음 그림은 하나의 캠페인이 기획부터 매출까지 이어지는 대략적인 순서입니다.

　이 회사에는 전체의 목표가 있습니다. 기본이 되는 거래액부터 순이익까지 재무제표를 구성하는 요소 말이죠. 하지만 그것만 있는 것은 아닙니다. 그림에서 보듯이 다양한 직무의 직원들이 매출을 만들기 위해 노력하고 있습니다. 또한 각 프로세스의 전문 역량을 평가하는 KPI도 존재합니다. 프로세스 중에서도 개인의 업무에 따른 KPI를 갖고 있을 수도 있습니다. MD라면 전체 상품의 적중도가 중요하겠지만 내가 기획한 상품의 실적이 무엇보다 중요하겠죠. 그렇다면 이 다양한 조직 구조의 목표가 개인의 평가에는 어떻게 반영돼야 할까요?

　우리는 답을 알고 있습니다. 개인은 개인의 실적으로, 팀은 팀의 실적으로, 전사는 전사의 실적으로 평가받아야 하죠. 개인 평가 비중 30%, 팀 평가 비중 30%면 나 혼자 열심히 일하고 성과를 내도 티가 나지 않을 것입니다. 거기다 남은 40% 평가 비중이 전사 목표 달성이면 어떨까요?

　기발한 기획으로 시장에서도 회자되었는데, 내부적으로 상품 소싱에

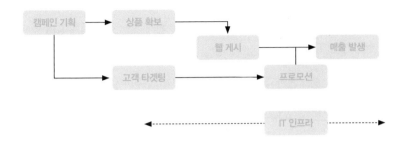

문제가 있거나 CRM이나 데이터 분석 부서에서 프로모션 타깃팅을 잘못하거나, 또는 인프라 장애로 서비스에 일정 시간 고객이 접속조차 못하는 문제가 벌어졌다면 전사 평가 40%에 이 모든 희로애락이 담기겠죠. 회사도 중요하지만 열심히 일한 탁월한 직원이 좋은 평가를 받는 기회는 줄어들 것입니다.

각 조직의 성과는 조직의 책임자가 책임지는 게 맞습니다. 그래서 더높은 급여를 받는 것이죠. 조직의 KPI가 높은 비중으로 개인에게 가중치를 주면 개인은 자신을 위해 할 수 있는 일이 얼마 없다는 것을 알고 의욕이 저하됩니다. 일을 아무리 잘해도 보상이 따르지 않는다면 개인이 선택할 수 있는 방법은 업무 태만 또는 이직이겠죠.

그럼에도 불구하고 상당수 기업에서는 조직의 성과를 개인의 성과에 일정 비중으로 계속 유지하려는 경향이 있습니다. 하부 조직의 KPI 비중이 높으면 그 조직의 역할에 맞는 퍼포먼스만 찾게 되어 전사적인 관점을 놓친다는 항변, 개인주의를 막고 협업하기 위해서라는 항변, 결국 "회사가 잘돼야 네가 잘되지 않겠느냐"는 실언들이 그것이죠.

　이런 논조로 평가 지표를 만드는 회사는 보통 컨트롤타워가 KPI에 대한 심도 있는 검토를 하지 않는 경우, 사업 아이템 또는 기능별로 완전한 분화를 하지 못해 KPI를 합의하지 못한 경우, 단일 KPI로 조직을 평가하는 경우에 주로 발생합니다.

1. 하부 조직의 KPI가 전체 잡딸한 합인가?

　위에 예시로 든 이커머스 기업이 올해 전체 거래액을 500억 정도로 생각한다고 가정해보죠. 컨트롤타워에서 전사적 목표를 수립한 이후 공격적인 확장에 전략적 방점을 찍고 이익보다 매출에 집중하려 합니다.

　이 회사가 단일 사업부로 구성되어 전체 밸류체인을 활용한다면 각 기능에 매출 확장이라는 전략에 맞는 KPI를 부여할 것입니다. 타깃팅은 더 많은 고객 수에 집중하고, 프로모션은 효율보다 파급력에 염두를 둘 것입니다. 상품이나 기획도 시장 확장에 초점을 맞추겠죠. 이런 전체적인 얼개를 컨트롤타워가 어느 정도 시뮬레이션해서 가이드를 줘야 전체 KPI가 전략에 따라 밸런스를 유지할 수 있습니다.

　그런데 목표를 각 부서별로 스스로 세우라고 하면 대부분은 전년 대비해 KPI를 잡을 것입니다. 부서 중 누구도 500억이 어떻게 나오는지 방법을 조합할 비전을 갖고 있지 못하기 때문이죠. 대부분의 경영관리자, 기획자가 하는 이 업무는 각 기능들이 전체 성과를 내기 위해 어떻게 움직여야 하는지 필요한 동력을 알려주는 것입니다. 그러기 위해서는 각

KPI가 어떻게 조합돼야 앞으로 나아가는지를 알고 있어야 합니다.

하부 조직에 높은 평가 비중을 맡기지 않고 전사적 목표의 가중치를 강요하는 것은 컨트롤타워의 직무유기입니다. 즉 실무에서 KPI를 업무에 맞게 정하는 것이 결코 잘못이 아니라는 이야기입니다.

매트릭스Matrix 조직에서는 기능과 사업이 서로 교차하는 형태로 일합니다. 영업부는 영업본부 소속이지만 영업부가 다루는 아이템으로 사업부의 영향을 받기도 하죠. 두 조직에서 평가를 받기 때문에 영업 직원의 성과 합의는 항상 쉽지 않습니다.

사업부와 영업본부의 입장이 상충되면 두 조직 모두 영업 직원의 목표를 중요하게 생각하지 않습니다. 서로 다투지 않을 정도로 문서 보고를 위해 만든 KPI지만, 두 조직 모두 이 직원을 암묵적인 평가 기준으로 따로 평가하죠. 그래서 KPI 목표는 중요하지 않고 전체 매출 목표만 중요하다고 강요하는 일이 벌어집니다. 매트릭스 조직 관리자들끼리의 느슨한 합의죠. 반면 직원은 자신이 낸 성과에 대해 명확한 평가나 피드백을 받지 못하고 전체 실적에 따라서만 성과를 부여받게 됩니다.

KPI를 하나만 정하는 것도 하부 조직의 KPI를 불신하게 만드는 원인이 됩니다. CRM팀의 목표를 '전체 고객 중 신규 유입 고객 수'라는 단일 지표로 잡으면 어떨까요? 지금껏 우리 회사에 관심이 없던 신규 고객 위주로 프로모션을 진행해서 KPI는 달성하겠지만, 우수 고객에 대한 활동은 줄어들겠죠. 의도적으로 그렇게 하지는 않겠지만 업무 과정 중에 단일 지표에 따라 부분 최적화가 이뤄질 수밖에 없습니다.

다행히도 이런 문제는 여러 KPI를 전체 전략 방향이 흐려지지 않을 정도로 비중을 두고 조정하면 괜찮아집니다. 또한 CRM팀에 신규 유입 고객 수라는 목표와 함께 거래액 목표 500억 원을 가중치 30% 정도로 부여하는 것도 이 조직을 정확하게 평가하는 데 도움이 됩니다.

2. 협업을 위해 전사의 KPI 비중을 높여야 하는가?

개인의 성과 평가에 전사 목표와 팀 목표 비중이 대부분을 차지하는 기업이 있습니다. 개인으로서는 퍼포먼스의 변별력을 내기 어려운, 마치 운명론적인 평가 구조입니다. 이런 기업들은 개인의 성과 비중이 높으면 협업이 안되기 때문에 팀워크를 위해 팀이 같은 성과 비중을 가져가야 한다고 말합니다.

하지만 이런 주장은 전적으로 맞지 않습니다. 팀워크는 개인의 문제가 아닙니다. 오히려 조직이 협업을 위한 구조를 만들었는지를 되돌아봐야 합니다. 단순히 평가 방식이 비슷하다고 해서 협업하지 않는 문제가 해결되는 것은 아니라는 말이죠.

사람들이 협업하지 않는 원인은 같은 목표를 바라보지 않아서가 아닙니다. 개인은 자신의 성장, 일의 성과와 함께 회사의 성장과 이에 따른 본인의 커리어 업적을 기록으로 남기고 싶어 합니다. 자신이 일로 개인 브랜딩이 된 전문가가 되거나 능력 있는 임원이 되고 싶은 목표가 있습니다. 무엇이든 할 것 같은 신입사원이 열심히 일하지 않는 직원으로 변한 것은 KPI 협업 수준의 문제가 아니죠.

답은 상대평가에 있습니다. 전사 KPI 비중이나 팀 KPI 비중이 중요한 것이 아닙니다. 개인의 목표 가중치가 30%든 80%든 회사는 결국 상대 평가로 줄 세우기를 할 것이고 그중 몇 명만 선정해서 보상을 집중할 것입니다. 그러면 납득할 만한 보상을 받지 못한 직원들은 일을 열심히 할 동력을 발견하지 못합니다. 협업은 같이 보상받을 수 있다는 믿음 안에서 가능한 것입니다.

3. 결국 회사가 잘돼야 내가 잘된다?

회사의 기득권을 가진 직원이 자신의 철밥통을 지키기 위해 부하직원들을 종용할 때 이런 말을 자주 씁니다. 하지만 단순 사무직이나 관료제 관리자를 제외하고 경력직에 대한 일반적인 평가는 개인 단위의 퍼포먼스와 역량에 집중됩니다.

실무 능력보다 출신이나 간판 경력으로 움직일 수 있는 자리는 사라지고 있습니다. 지금은 작은 단위의 프로젝트라도 기술이 있고 성과가 있으면 그것으로 인재를 평가합니다. 이런 상황에서 회사가 잘되어야 직원이 잘된다는 논조로 개인의 KPI 비중을 깔아뭉개는 행위는 우수한 인재의 이탈을 야기합니다.

이커머스 기업에서 타깃팅 분석을 잘하는 직원에게 전체 매출만 강요하거나 유입이 아닌 구매 등 MD의 상품과 프로모션에서 발생할 수 있는 변수에 더 높은 개인 평가 가중치를 둔다면 어떻게 될까요? 직원의 의지와 의욕을 꺾는 잘못된 KPI 설정이죠.

결국 이런 기업에서 남는 사람은 누구입니까? 개인 KPI라고 할 만한 성과가 없는 조직 관리자들입니다. 관리자는 전체 성과에 따른 평가 비중이 높고 그것으로 보상받으니까요.

| KPI의 목표는 직원의 동기부여인가? |

네트워크와 기술의 발달로 집단지성에 참여할 수 있는 손쉬운 플랫폼들이 나타나면서 상품이나 서비스 평가뿐 아니라 구직 시장의 정보 비대칭도 사라지고 있습니다. 대표적인 서비스 중 하나가 미국 글래스도어Glassdoor의 국내 버전 격인 잡플래닛Jobplanet입니다. 이직 의사가 있을 때 한 번 이상은 방문해본 적이 있을 겁니다.

그런데 최근 어느 회사의 리뷰에서 전·현직 직원 여러 명이 일관된 코멘트로 회사를 평가한 내용을 봤습니다. '회사에 KPI만 있다, 직원은 KPI를 달성하는 부품이다, 전체적으로 KPI 때문에 너무 힘들다'라는 글이었습니다. 피터 드러커가 오래전에 외친 MBO 경영관리, 즉 회사가 목표를 계획하고 본부, 팀, 개인에 이르기까지 목표 달성을 확인할 수 있는 핵심지표를 개발하고 합의를 거쳐 성과를 측정해서 평가하는 방식이 직원들에게 고역이라는 것이었습니다.

이는 이 회사만의 문제가 아닙니다. 규모가 큰 기업은 모든 직원의 퍼포먼스를 확인하기 힘들기 때문에 목표 관리를 기계적으로 할 수밖에 없고, 작은 기업은 주먹구구식으로 다른 기업의 목표 관리 시스템을 따라하다 보니 본질보다 형식에 더 몰두하는 모습이 나타납니다.

조직의 문제는 실력 있는 실무진의 이직으로 알 수 있습니다. 조직에서 허리급에 위치한 직원들의 이탈은 회사가 겪고 있는 많은 문제를 한 번에 드러내는 현상입니다. MBO로 경영관리하는 기업에서 허리급 인재가 이탈하는 원인은 평가와 보상, 대우에 대한 불만에서 비롯하는 경우가 대부분입니다. 요즘 같은 불확실한 상황에서도 현재 자리를 박차고 나갈 수 있는 것은 실제적인 불만이 있기 때문입니다. 겉으로는 욕해도 자신에게 좋은 평가를 준 상사를 욕할 직원은 없습니다. 인간은 매우 실리적이기 때문이죠.

1. 동기부여를 잃어버린 목표 하달

피터 드러커가 주장한 MBO는 기계적인 테일러식 숫자 놀음이 아닙니다. 과학적 측정과 기계적 피드백이 MBO의 핵심이 아니라는 것이죠. 드러커는 조직 단위에서 개인에게 목표를 마구 내리고 참견하는 목표 달성법이 아닌 개인 스스로 동기부여를 받아 도전하는 차원으로의 발전을 위해 MBO를 주장했습니다. 개인 목표 설계는 조직 전체를 위해 공헌하는 전사 차원의 목표에 연동되는 성격을 가졌지만 실행은 개인의 동기라는 것이죠.

특히 목표를 달성하기 위한 정보와 도구를 실무자에게 직접 주고, 조직을 움직이는 비전에 대한 개인 공감대 형성을 강조합니다.

피터 드러커가 매니지먼트에서 중요한 부분이라고 주장했던 이 내용은 사실 조직이 커질수록 가장 지켜지지 않는 것이기도 합니다. 일의 시작이 무슨 의도였는지, 일을 바라보는 이해관계자들의 의견은 어떠한지, 일을 추진하기 위해 필요한 정보들은 어디에 준비되고 있고 확보하기 위한 지원이 있는지, 일을 달성하기 위해 필요한 자원이 일부라도 받아들여질 수 있는 것인지 등이죠.

하지만 정보와 자원 관리가 관료화되어 있으면 피터 드러커의 경영관리는 구호에 그치고 맙니다. 실무자는 상사를 통해 일의 배경을 듣게 되고 상사는 또 그 위에 상사를 통해 듣게 되고, 발의와 실행은 별개의 조직에서 담당하고 책임 또한 애먼 사람이 지게 되는 상황이니 일이 정상적으로 추진될 리 없습니다. 회사에서 정보를 쥐고 선별적으로 뿌릴수록 조직은 목표를 향한 경영에서 점점 더 멀어집니다.

조직이론학자인 가레스 모건Gareth Morgan은 저서 《상상력Imagination》에서 조직의 보고 라인을 줄이고 실무 중심의 네트워크 조직을 체계화해서 프로젝트 단위로 일하는 것이 더 고차원 조직이라고 역설합니다. 정보를 반드시 실무자에게 직접 공유하고 보안이란 이름으로 기득권의 권력을 유지하는 사내 정보망을 파괴하는 방법입니다. 그럼에도 일부 기득권의 반대로 조직에서 활용하지 못하는 것이 대부분입니다.

《상상력》에서 설명한 조직 분화 과정을 간략하게 정리해보겠습니다.

초기 모델은 이 상태에서 전체적으로 상명하복을 하다가 경영진과 중간관리자가 상하 커뮤니케이션하는 모습으로, 중간관리자와 커뮤니케

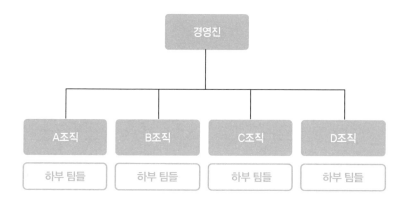

이션하는 것으로 바뀌게 됩니다.

하나의 조직은 직무, 사업 또는 영위하는 지역 등 여러 체계를 통해 통제받지만 이전보다 개별 조직의 권한은 증가하는 형태로 변화합니다.

직무본부나 사업본부 또는 지역본부의 통제 아래 단위 사업팀 단위로

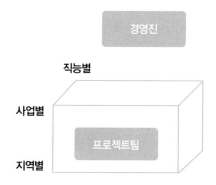

분열해서 일하게 되며 평가나 이동 등이 팀 단위로 이뤄집니다.

중앙 네트워크를 통해 조직이 구성되며 재택근무나 아웃소싱 등으로 유기적 계약 구조를 맺고 유연성을 기반으로 변화를 지향하는 '거미나무 모양의 조직'으로 변화하는 것이 최종 진행 방향입니다.

단순히 일의 배경이나 인풋을 위한 정보만으로 개인이 동기부여해서 목표 성취로 달려가는 일은 드뭅니다. 실리와 명분이 모두 중요하다면 나중에 공유할 실리는 차치하고 명분이라도 드러나야 목표를 향해 움직

이기라도 하겠죠.

조직의 비전은 조직원 모두의 공감대가 있어야 합니다. 개인의 목표가 조직의 비전에 입각해 진행되는 일이 아니라면 내가 하는 일이 중요한 성과로 인정받기 어렵다는 사실을 알게 됩니다. 여러 사업을 벌이는 조직에서 조직의 비전 셋업, 즉 조직원 전체의 공감대를 형성하지 못하는 일을 계속 추진한다는 것은 스스로 조직이길 포기하는 격입니다.

경영의 신이라 불리는 이나모리 가즈오가 부도에 처한 일본항공을 구하기 위해 진두지휘할 때 가장 중점적으로 한 일이 바로 조직원 전체에 같은 미션을 전파하는 것이었습니다. 중간관리자 이상을 정기적으로 모으고 경영 철학을 공유해서 실무자에게 전달하게 했습니다. 그리고 실무자들이 자기 목표를 당연하게 알 수 있도록 <u>스스로</u> 목표를 만들어오게 바꿨습니다.

위에서 내린 숫자를 기계적으로 나눠서 개인이 추구하는 목표인 것처럼 쇼를 하는 기업과는 다른 방식입니다. 회사 전체를 성공적으로 움직이기 위해서는 조직의 목표와 개인의 목표가 조정되고 합의하는 진정한 과정이 필요합니다.

2. 시대를 따라가지 못하는 인사제도

한국식 MBO의 가장 큰 문제는 목표 달성 여부가 긍정적인 모습보다는 부정적인 모습에 더 중점을 두고 있다는 점입니다. 직원들이 열심히 일해서 목표를 달성해도 '나는 그냥 회사원 중 하나구나'라고 깨닫게 되는 수준의 낮은 보상과 열심히 일했지만 목표를 달성하지 못했을 때 '나는 조직과 상관없는 남이구나'라는 것을 느끼게 하는 기업의 풍조는 개인의 동기부여를 떨어뜨리고 더 좋은 보상 체계를 가진 조직으로의 이탈을 방조합니다.

최근에는 수평적인 기업 문화를 위해 직급이나 호칭을 없애는 곳이 늘고 있지만 아직까지 대부분의 회사는 부장, 차장, 과장 같은 직급으로 서열을 나누는 수직적인 문화를 유지합니다. 처음 이 제도는 각 부서별 위상에 따른 관리자의 정확한 직급을 규정하기 위해 활용되었으나 승진 지연에 따른 인사 적체, 이로 인한 직원들의 상대적 박탈감을 낳고 조직 간 이해관계의 정치만 가중하는 꼴이 되었습니다.

그리고 이런 보수적인 틀은 피라미드 형태로 직급을 유지하려는 명목 하에 실제적으로 인건비 지출을 억제하고 상대평가로 상대적인 일부 실력자들을 조직에서 퇴출시켰고 조직에서 평가의 양극만 남겨두게 만드는 부작용을 고착화시켰습니다. 그렇다면 이것은 누구를 위한 인사제도일까요? 아마 인사 조직 자체를 위한 제도일 것입니다.

이런 틀은 MBO를 통해 개인의 KPI 달성 여부를 순수하게 판단하지 못하고 상대적인 수준에서 재평가 필터링을 한 번 더 거치게 되어 모든 직원이 목표를 달성해도 일부는 저평가받는 이상한 현상을 가져오게 만들었습니다. KPI 달성은 개인의 성과급에 여전히 보수적으로 반영되어 있으며 일부 기업에서는 최고 수준의 퍼포먼스를 보이는 직원을 대우해 줄 수 없는 기현상을 낳기도 합니다.

이런 문제를 이야기하면 꼭 나오는 의견 중 하나가 기업 내 피고용인이 정규직일 때 해고의 유연성이 없어서 보수적인 보상을 해야 재무구조에 영향이 적다는 것입니다. 이것이야말로 기업가 정신을 망각한 발언입니다. 기업가 정신은 조직원을 혁신적으로 자르는 것이 아니라 혁신적인 사업 기회를 만들 수 있도록 돕는 것입니다. 채용이 정상적으로 이뤄졌다면 회사는 책임을 지고 개인의 혁신을 보장해줄 의무가 있습니다.

피터 드러커는 캐시카우 사업에서 안정적으로 수익을 벌고 최적화를 골몰하는 직원에게 혁신적인 프로젝트를 강요하지 말라고 강조하지만, 전직원에게 프로젝트를 강요하는 것은 물론 운영과 프로젝트를 동시에 시키는 기업이 많습니다. 누구나 혁신적인 방법을 가질 수는 있지만 모두가 혁신적인 주제를 할 수는 없습니다. 개인의 업무 강도와 중요한 일에 대한 집중도 보장하지 않으면서 목표와 성과를 말하는 자체가 평가자의 직무유기인 것이죠.

직원들의 누적된 피로감은 곧 조직 내부에서 할 수 있는 일만 수동적으로 취하는 전형적인 관료를 양산하게 됩니다. 혁신과 기업가 정신은 환경에 대한 적응이 빠른 사람부터 사라질 수밖에 없습니다. 실체적으로 기업의 토양을 바꾸지 않는다면 아무런 변화도 드러나지 않습니다. 평가나 보상의 페널티로는 해결될 일이 아닌 것이죠.

3. 목표를 달성하지 못했을 경우

숫자만으로는 MBO의 취지를 말할 수 없다고 설명했습니다. 그 대표적인 예가 목표를 달성하지 못한 직원을 대하는 모습입니다. 직원들에게 '실패를 두려워하지 않는 기업가 정신이 필요하다', '우리나라도 이스라엘이나 실리콘밸리처럼 실패한 기업가도 재기할 생태계가 주어져야 한다'라고 말하면서도 평가에서는 냉혹합니다. 신뢰를 심어주지 못하는 껍데기뿐인 타자화죠. 아직까지 우리 사회에는 동료를 동료가 아닌 남으로 대하는 의식이 만연합니다.

처음부터 목표 자체를 어렵게 만들었거나 미래 사업을 전망하며 새롭게 뛰어든 일이라면 그것에 대한 평가는 KPI 달성과는 별도로 진행돼야 다시 도전할 토양을 만들게 됩니다. 이런 노력은 조직원으로부터 하나의 조직이라는 생각을 갖게 만듭니다. KPI로 목표를 잡았다고 해도 일을 추진하는 배경이나 환경에 따라 질적으로 어떤 상황이었는지 세심한 고려가 있어야 하나의 조직으로 완성될 수 있습니다. 하지만 평가자가 여유가 없거나 관심이 없다면 여전히 일상적인 평가와 겉으로 드러난 현상에 대한 피드백으로만 조직을 채울 뿐입니다.

누구나 자신의 커리어를 위해 성공과 성취를 원합니다. 그럼에도 불구하고 목표를 달성하지 못했다면 기업은 어떤 피드백을 조직원에게 줄 것인지 더 세심한 고려가 필요합니다. 다른 직원들도 회사가 그 직원을 어떻게 평가하고 대하는지를 보고 있기 때문이죠. 한 번의 실패로 나도 예외 없이 저렇게 처해질 수도 있다는 불신이 그 속에 있습니다.

KPI를 다룬 이론서는 이미 많습니다. 하지만 아는 것과 이해하는 것은 다릅니다. 기획자가 KPI를 설계하면서 받는 고충을 생각한다면 실무에서 KPI를 정할 때 실패하지 않도록 고려해야 할 요소가 많음을 알게 될 것입니다. 더 많은 기업이 숫자를 넘어 이면의 쓰임을 생각하면서 직원들의 동기부여를 얻고 결국 목표가 달성되는 조직이 되기를 바랍니다.

오 늘 의
숙   제

1. KPI 달성과 평가가 동기부여에 도움이 되나요?
2. 나의 동기부여를 위해 회사가 KPI를 정하는 방식에서 무엇이 바뀌어야 할까요?

15

일잘러의 필수템,
숫자로 읽고 말하기

당신은 오늘 새 회사에 입사했습니다. 처음으로 책상에 앉아 심호흡을 하고 많은 자료를 둘러봅니다. 회사의 비전과 구체적인 실행 방안이 정리되어 있다면 그것부터 고민하겠지만 없다면 당장의 계획을 보는 게 순서일 겁니다. 하지만 그마저도 문서로 정의되어 있지 않다면 어떻게 회사의 실체를 파악할 수 있을까요?

　회사의 팩트를 보는 가장 정확한 방법은 '숫자'를 보는 것입니다. 전략기획이든 경영기획이든 상품기획이든 영업기획이든 출발은 방금 지나간 시간에 발생한 실적의 흐름입니다. 말만 떠도는 회사에서 실체를 가지고 이야기하느냐는 굉장히 중요한 기술이기 때문입니다.

　특히 이익이 어디서 어떻게 나는지를 아는 것이 핵심입니다. 손익계산서에서는 계정 하나하나의 증감이 이익에 영향을 미치기 때문에 정확히 파악하기 쉽지 않을 뿐더러 여러 개의 계정을 더해야만 스토리를 알 수

주요 계정	세부 계정	설명
매출액		영업 활동을 통해 얻은 매출액. 일반적으로 부가수수료를 제외한 금액으로 처리
매출원가		매출에 들어간 상품, 서비스의 원가 비용
매출총이익		매출액에서 매출원가를 제한 비용
판매관리비		영업 활동을 뒷받침하기 위해 관리한 비용
	급여	직원의 인건비
	퇴직급여	적립한 퇴직금
	복리후생비	직원 복지에 사용한 비용
	여비교통비	출장이나 외근에 투입한 비용
	통신비	회사 통신 요금 관련 비용
	수도광열비	수도와 전기요금
	감가상각비	관리를 위한 물품 중 구입 후 경과기간에 따라 잔존 가치 일부 소멸 비용
	지급임차료	임차해서 정기적으로 지불하는 비용
	지급수수료	외주 계약 등을 통해 서비스를 받는 비용
	광고선전비	광고 목적으로 지출한 비용
영업이익		매출총이익에서 판매관리비를 제한 비용
영업 외 비용		영업 활동 외 이자비용 등 회사의 주력 활동이 아닌 것으로 나간 비용
법인세비용 차감 전 손익		영업이익에서 영업 외 비용을 제한 금액
법인세		법인세비용 차감 전 손익에서 법정 법인세율에 따라 부과되는 비용
당기순이익		법인세비용 차감 전 손익에서 법인세를 제한 비용

• 손익계산서 주요 계정 설명

있는 경우가 대부분이기 때문입니다. 재고의 부담을 안고 있는 제조업이나 유통업은 재고로 파생되는 숫자의 변화가 다양하기에 반드시 이익이 실현되는 원인을 파악해야 합니다. 이는 애널리스트들이 기본 업무이자 회계나 경영기획자들이 주요 업으로 삼는 일이기도 합니다.

| 1. 모든 이익이 영업 활동의 산물은 아니다 |

손익계산서에서 처음으로 배울 점은 이익의 흐름을 읽는 것입니다. 회사의 시작부터 현재까지 이익이 시계열로 변해가는 숫자 흐름의 히스토리를 아는 것이 중요합니다. 그중에서 가장 집중해야 할 부분은 이익이 만들어지는 계기입니다.

-신제품의 매출 증가가 이익을 가져오는 경우: ★★★★★

-이월제품의 매출 증가가 이익을 가져오는 경우: ★★★

-원가 절감으로 이익을 가져오는 경우: ★★

-판매관리비 절감으로 이익을 가져오는 경우: ★

기업 가치를 측정하는 CFA Certified Financial Analyst 교육 과정에서는 영업이익의 증가를 재무제표 분석의 중요한 관점 중 하나로 다룹니다. 기업이 주요 사업으로 이익을 버는지 판단한다는 이야기입니다.

제조업체에서 부품을 팔아 생긴 이익은 좋은 시그널로 해석할 수 있지만, 부품 창고에 화재가 발생해 보험금을 받는 것처럼 의외의 상황에서 일시적으로 순이익이 증가할 수도 있습니다. 이런 이익은 영업 활동에서 일어난 것이 아니므로 영업 외 손익에 포함되고 영업이익에는 잡히지 않습니다. 영업이익의 가치를 높게 평가하는 이유는 순수 기업의 역량 증가로 성장하는지를 보기 위해서입니다.

영업이익에 포함된다고 해서 모두 좋은 성장이라거나 동일하게 우수한 경영 방식이라고 보기는 어렵습니다. 위의 4가지 패턴은 모두 영업 활동에서 이익이 증가한 영업이익을 의미합니다. 물론 그중에서도 더 좋은 방법은 존재합니다. 손익계산서에서 이런 포인트를 찾아내는 것이 프레임을 잡고 해석하는 좋은 토대가 됩니다.

| 2. 정상적인 매출 증가는 정석이다 |

가장 좋은 이익은 신제품 또는 신사업의 매출 증가가 전체 이익으로 연결되는 것입니다. 매출과 이익을 콘텐츠 단위로 분석할 수 있다면 다음으로 신상품의 기여도를 분석해봅시다. 신상품은 연간 또는 월간 생산한 제품을 기준으로 구분해도 됩니다. 출시된 상품이 많이 팔린다면 소비자에게 제품의 가성비가 적절하다고 인정받는 것입니다.

예상 가능한 신상품 매출은 예상 가능한 원가 회수와 이익 구조를 만

	제품1		제품 2	
	2기	1기	2기	1기
정상 가격으로 판매한 수량	20	15	18	10
할인 가격으로 판매한 수량	15	5	4	2
판매 제품의 평균 할인율	35%	20%	25%	15%
정상 가격	100	100	100	100
매출(Sales)	2,975	1,900	2,100	1,170
제품의 단위 원가	40	40	40	40
제품의 총 매출 원가	1,400	800	880	480
매출총이익	1,575	1,100	1,220	690
매출총이익률	52.9%	57.9%	58.1%	59.0%

표 1_정상 가격과 할인 가격에 따른 수익률 비교

듭니다. 현금 회수와 다음의 제품 생산이 원활하게 돌아가는 것은 물론입니다. 하지만 제품을 정상 가격, 할인 가격으로 구분해 분석하지 않았다면 어떻게 팔리고 있는지 구분하는 것이 먼저입니다.

예시로 만든 위의 표를 보며 분석해봅시다. 편의상 감가상각비용은 제외했습니다. 〈표 1〉을 보면 제품 1이 제품 2보다 매출이 크고 매출증가액도 높지만 제품 2에 비해 기간의 매출총이익률이 낮아진 것을 알 수 있습니다. 할인을 통한 매출 비중이 증가했고 할인율 자체도 높아졌기 때문입니다. 제품 2가 비교적 안정적인 이익을 1기와 2기에 걸쳐 올리고 있는 반면 제품 1은 2기에 이르러서는 1기와 다른 가격 정책으로 인해 수익 구조가 달라졌습니다.

| 3. 투입 비용을 비교해보자 |

신제품이 정상 가격으로 잘 팔린다면 투하 자본 대비 얼마나 벌어들이고 있는지, 매출 대비 이익이 얼마인지를 생각해봐야 합니다. 손익계산서의 영업이익률이나 순이익률은 가장 기본적인 최종성과지표로 오랜 시간 각광받았습니다. 투자자 입장에서는 이익의 질이 매력적인 기업인지 판단하는 중요한 기준이 되고, 기업 입장에서는 자금 조달을 고려하지 않아도 이익을 늘리는 일에 집중해도 된다는 믿음을 얻었습니다.

하지만 M&A가 기업 성장의 정도로 불리던 1990년대를 지나면서 자본 비용을 계산하는 것이 투자자뿐 아니라 기업 관리 영역에서도 중요한 지표가 되었습니다. 그중 하나가 ROTC^Rate of Return On Total Capital(총자본이익률)입니다. ROTC는 쉽게 말해 투하 자본 대비 이익을 측정하는 것입니다. 세후 영업이익을 영업용 순자산으로 나눈 것으로 볼 수 있습니다. 세후 영업이익은 영업이익에서 법인세를 제외한 금액을 말하고, 영업용 순자산 또는 영업 투하 자본은 재고 자산과 매출 채권, 유형 자산, 기타 영업과 관련된 자산을 더한 다음 매입 채무 등을 제외한 금액으로 볼 수 있습니다.

높은 ROTC, 즉 영업 관점에서 투하 대비 이익의 효율성을 높이려면

기간	총 ROTC			정상가 판매			할인가 판매		
	ROTC	순이익+ 순이자비용	총자본	ROTC	순이익+ 순이자비용	총자본	ROTC	순이익+ 순이자비용	총자본
3월	10%	30	300	19%	28.5	150	1%	1.5	150
4월	9%	34	360	13%	31.6	240	2%	2.4	120
5월	7%	35	480	9%	32.5	380	3%	2.5	100

표 2_정상가 판매와 할인가 판매에 따른 총자본이익률 비교

영업에 들어가는 자본을 줄이든지 투입된 자본으로 높은 영업이익률을 낼 수 있는 방법을 찾아야 합니다. 두 개 다 기업 경영에 지대한 영향을 미치는 활동이죠.

〈표 2〉에서 ROTC를 더 세부적으로 보면 영업이익률과 사용 자본 회전율의 곱으로 이뤄진다는 것을 알 수 있습니다. 영업이익률은 매출 대비 영업이익의 크기를 측정하는 지표이며 사용 자본 회전율은 사용 자본 대비 매출을 파악하는 지표라고 할 수 있습니다.

즉 총자본이익률을 높이는 방법은 영업이익률이 높은 고부가가치 산업으로 변화하는 것과 사용 자본이 빨리 매출로 이어지도록 매출이 발생하는 사이클을 단축하는 것입니다. 전자가 상품 개발이나 원가 혁신 등을 통해 이뤄진다면, 후자는 생산 속도와 판매 속도 향상을 목표로 하는 SCM, 영업 활동을 예로 들 수 있습니다.

〈표2〉는 3개월에 걸친 재무 상황의 변화를 나타내고 있습니다. 이 회사는 3월부터 5월까지 3개월에 걸쳐 지속적으로 순이익+순이자비용이

증가하고 있습니다. 특히 정상 가격으로 판매한 상품에서 뚜렷한 증가를 보이고 있습니다. 그렇다면 이런 케이스도 긍정적으로 평가해야 할까요? 총자본의 증가폭을 보면 좋은 평가를 내리기는 어려워 보입니다.

이 회사는 3개월 동안 신제품에 막대한 돈을 지불했습니다(3월 150에서 5월 380으로). 투자에 비해 그만한 이익을 거두지 못한 것은 생산 시점과 판매 시점의 길이 차이에 기인할 수도 있고 단순히 판매 부진일 수도 있습니다. 후자의 경우 제조업에서는 재고를 양산하는 거대한 수레바퀴가 시작됐다고 볼 수 있습니다.

ROTC가 최종성과지표로 각광받기 시작하면 효율성의 게임이 가속화됩니다. 이익이 나오지 않는 자산에 대해서는 인내하지 않습니다. 소위 말하는 '비효율 자산 매각'이 대표적입니다. 영업 채널에 묶인 돈을 회수해서 높은 효율을 내고 있는 영업망에 더 돈을 붓는 것이죠. 대부분의 경우 그릇된 의사결정에서 급하게 투자된 자본이 만든 적자구조를 바꿀 수 있는 좋은 선택지입니다.

하지만 간과해서는 안 되는 경우가 있습니다. 끓는 냄비 안에 졸여지는 상황이죠. 기업이 안정된 사업만 지속하다 보면 새로운 사업을 시도할 수 없기 때문에 갈라파고스 섬에 고립되는 일이 벌어질 수 있습니다. ROTC 지상주의는 자칫 기업의 새로운 실험에 대한 이야기조차 못하게 만드는 결과를 낳습니다. 기업이 수평 문화, 애자일 문화를 표방하면서 성과지표로 일말의 비효율 가능성을 없애버리면 실제로 일은 그렇게 일어날 수 없습니다.

ROTC의 효율을 위해 기업은 미래 성장률은 낮지만 현재 이익이 되는 캐시카우에 더 많은 돈을 투자합니다. 그래서 바른 의사결정으로 결정된 투자도 인내하지 못하고 손절합니다. 물론 당장 손절을 감수하고서도 고점일지 모르는 기존 사업에 더 많은 자본을 투하할 수 있습니다.

유통업이라면 모바일퍼스트mobile-first(기반 플랫폼으로 유통 채널 전환)로 전환할 비용을 초기 ROTC가 나오지 않는다는 이유로 과거 잘해오던 영세한 규모의 오프라인 리테일로 돌아갈 수도 있고, 제조업이라면 포트폴리오를 통한 신규 상품보다 많이 팔리는 기존 상품의 이익 비중을 높게 유지할 수 있습니다. 무엇이 옳고 나쁘고의 문제는 아닙니다.

투자 시간 대비 투자금을 회수하지 못한 사업은 기업 내부에 역량이 없다는 증거일 수 있습니다. 비슷한 모델로 수익을 내는 경쟁사가 있다면 더욱 그렇습니다. 이런 사업에 투하된 자본을 회수하는 것은 나쁜 선택일 확률이 비교적 낮을 것입니다. 중요한 것은 기업이 생각한 투자 회수 기간 대비 얼마나 실적이 따라오느냐죠. 사업 모델의 특성상 비교적 짧은 투자 기간에도 ROTC는 인내심을 바닥나게 만들 수 있습니다.

미국 시가총액 최상위에 안착한 아마존도 사실 오랜 시간 적자를 면치 못했습니다. 그러나 이런 인내가 가능했던 데는 앞으로의 시장에 대한 비전과 구체화된 전략뿐만 아니라 이 기업을 끝까지 믿는 신뢰가 주주들에게 있기에 가능했습니다.

회사에서 재고가 늘면 어떻게 대응하나요? 보통은 단기적인 해결책을 찾습니다. 다시 〈표 1〉을 생각해봅시다. 제품 1의 재고가 너무 많아 어쩔 수 없이 가격 할인을 실행했다고 가정해봅시다.

원인은 제품 1의 가격 책정 문제거나 콘텐츠의 상품성 부족, 비효율적인 유통망 운영, 수요 예측 실패, 방만한 SCM 관리 등이 있겠지만 단기간에 무리하게 재고를 줄여 현금 흐름을 확보하려 한 전략입니다. 재무제표에서 총자본이익률이 좋아지고 먼저 잡힌 감가상각비용이 회수되면서 성공적으로 운영되는 것처럼 보입니다. 하지만 재무제표에 보이지 않는 쓰나미가 아래 a, b, c 순서대로 기다릴 수 있습니다.

    a. 정상 가격에 대한 수익 구조 재설계 필요

    b. 신상품보다 재고를 주력으로 판매하는 영업망의 프로모션 진행

    c. 신상품의 가격 경쟁력 약화로 인한 연속적인 이월 재고화

물론 중간관리자가 단기간에 성과를 증명해야 하는 경영 상황에서 단기 이익보다 더 큰 명제는 없을 것입니다. 하지만 관리자는 돌리고 돌린 폭탄을 언젠가는 맞게 되고 피해는 투자자와 직원들에게 고스란히 전가됩니다.

기획자의 업무 중 하나인 재무제표를 평가하는 손익관리는 재무제표

이면에 있는 시장 상황과 정책을 현장에서 확인하는 일입니다. 재고에 대한 부분은 기획자가 아니더라도 현업에 있는 직원들이 모두 관여하는 중요한 문제입니다. 특히 재고로 감가상각이 많이 잡힌 제품의 판매에 따른 감가상각의 회수는 관리회계상 영업이익의 크기가 클 수밖에 없습니다. 일시적으로 재무 상태가 나아진 것으로 보이나 고객 관점에서 브랜드 가치가 증가되었다고 판단하기는 어렵습니다.

| 5. 판매관리비의 효과는 바로 드러나지 않는다 |

기업이 추가 이익을 얻기 위해 주로 하는 방법 중 하나가 판매관리비를 줄이는 것입니다. 판매관리비는 장기간에 걸쳐 조정 가능한 매우 구조적인 비용입니다. 흔히 생각하는 단기간에 이익을 높이기 위해 무리하게 짜내는 성격의 예산이 아닙니다. 기업마다 항목은 다르지만 판매관리비는 주로 아래와 같은 성격입니다.

-인건비(직원을 자르면 당장 일은 누가 하지?)

-사무실, 매장, 창고 등 공간 사용 및 관리 비용(기간이 걸린 계약 관계라는 것이 함정)

-대여 비용 및 수수료(이 역시 기간이 걸린 계약 관계라는 것이 함정)

-일회 · 연속 성격으로 지출하는 광고비(당장 조정하기는 쉬우나 배보다

배꼽이 큰 경우가 될 위험 다수)

-기타 회사 운영에 필요한 자질구레한 비용(줄여봤자 너무 작다)

판매관리비는 업무 프로세스에서 발생하는 비용입니다. 따라서 프로세스 전체를 바꾸는 사업 모델을 수정하지 않고 일부 프로세스를 줄여서 될 일이 아닙니다. 판매관리비를 줄이는 방법이 만만해보여도 쉽게 건드려서는 안 될 이유입니다.

무리한 판매관리비 감소는 정상적인 영업 활동에 지장을 주며 당장에는 드러나지 않지만 서서히 회사를 추락시키는 방아쇠가 됩니다. 잘못된 판매관리비 '구조'는 중장기적으로 계약 관계를 고려하면서 차근히 바꿔야 합니다. 그리고 R&D, 마케팅 비용 등은 실험적인 활동을 위해 일정 예산을 남겨둬야 합니다.

국내의 제조업 기반 기업들은 왜 폐쇄몰을 운영하려고 할까요? 나이키Nike가 아마존에 입점하지 않는 결정을 한 것처럼 고객 경험을 위해 자체 쇼핑몰을 운영하는 걸까요? 아닙니다. 건강식품부터 마스크, 옷, 서적, 리빙용품까지 제조업체는 판매관리비 중 가장 높은 비중을 차지하는 유통수수료 절감을 위해 대부분 폐쇄몰을 운영합니다. 브랜딩을 힘입어 단기간에 입점 고객 수를 늘리려는 전략과 함께 말이죠.

기업마다 차이는 있지만 판매관리비에서 상품을 유통하는 플랫폼 입점 비용은 대단한 스트레스입니다. 정상적인 상품 기준으로 많게는 매출의 3분의 1에서 거의 절반까지 유통수수료가 차지하는 경우도 있습니다. 게다가 점점 더 올라가고 있죠.

유통 플랫폼과 수수료 재계약에서 결국 손해를 보는 쪽은 플랫폼을 만들지 않은 제조업체입니다. 매출이 해당 플랫폼에서 많이 나올수록 더 불리한 입장이 되는 덫에 걸립니다. 외부 온라인 플랫폼도 처음에는 오프라인보다 저렴한 수수료를 내세워 입점을 유도하지만 시간이 지날수록 수수료는 올라가기만 할 뿐입니다.

너 나 할 것 없는 폐쇄몰의 설립은 브랜딩 체험이나 고객 데이터 활용 같은 다음 단계를 위한 준비일 수도 있지만, 시작은 대부분 현실적인 수익 구조 전환에 목적을 두고 있습니다.

초기 개발 비용과 일정한 유지비만 들면 BEP 이상의 매출을 모두 이익으로 잡는 직영점 구조의 온라인 폐쇄몰은 잘 운영하면 많은 이익을 거둘 수 있는 판매관리비 구조 개편 방안입니다. 물론 어플리케이션 설치와 유지하는 데 드는 엄청난 비용은 제외하고 말이죠. 그래도 잘하면 수익 구조를 조금이라도 바꿀 수 있는 중장기 전략 중 하나입니다.

특정 SI System Integration(네트워크, 하드웨어, 소프트웨어 등 IT와 관련된 수 많은 요소를 결합시켜 하나의 시스템으로 운영하는 사업) 기업에 외주를 주는 IT 프로젝트를 다른 아웃소싱으로 전환하는 것도 지급수수료 같은 비용을 줄일 수 있는 방법이 되기도 합니다. 경력직을 채용해서 외주 비용을 줄이는 것도 중장기적으로 판매관리비 구조를 바꿀 수 있습니다.

데이터 분석에 대한 수요가 많아지자 처음에는 외부 유료 솔루션을 주거나 아웃소싱을 하던 대기업들이 이제는 중요성을 인식하고 오픈소스로 분석 환경을 만들거나 신입 직원을 채용하고 팀을 만들어 역량을 내재화하는 것도 이런 구조 개편의 방법이라고 볼 수 있습니다.

| 6. 원가 절감은 누구를 위한 절감인가? |

원가 절감은 고객 가치를 훼손할 수 있다는 점에서 당장은 충성도가 낮은 고객을 이탈하게 만들 수 있고, 장기적으로는 브랜드의 진부화를 야기하는 위험이 있습니다. 실제로 쓸모가 있는지 없는지도 모르는 사람이 쉬운 방법으로 재임 기간 동안 이익을 내기 위해 이런 방법을 동원합니다.

대표적으로 프로토타입의 성공 이후 지속적인 원가 절감형 양산 모델을 내놓는 것이죠. 물론 PLC^{Product Life Cycle}가 어느 정도는 이어지겠지만 시장의 변화가 그리 여유롭지 않다는 것은 모두가 알고 있는 사실입니다. 여기서는 두 가지 팁을 중심으로 원가 절감이 일으키는 문제를 체크해보겠습니다.

평균 판매 가격과 평균 원가

숫자의 장점은 팩트를 기반으로 이야기할 수 있다는 것입니다. 숫자를 보는 프레임이 사실을 호도하는 경우도 있지만 모두가 인정하는 룰에서 본다면 숫자는 그나마 기업에서 가장 객관적인 정보입니다. 전략의 변화를 볼 때도 숫자는 제 역할을 합니다. 단기(보통 주, 월, 분기)와 장기(분기 이상부터 몇 년간)로 전체 또는 파트별 가격의 변화, 동시에 원가의 변화를 봅니다.

예시로 작성한 다음 페이지의 〈표 3〉을 봅시다. 어떤 브랜드를 내세워 상품을 판매하는 팀이 시장 내 포지셔닝을 좀 더 고급스럽게 가져가기로 결정했습니다. 최근 정체성이 흔들리는 브랜드에 브랜드 정체성이 분명한 고품질의 상품으로 포지셔닝한다는 것이죠. 이 팀의 행동 결과를 〈표 3〉이 증언하고 있습니다.

전체적으로 상품의 평균적인 가격과 원가가 같이 하락하면서 동시에 원가율이 점점 낮아지는 것을 알 수 있습니다. 원가 절감을 통해 원가율을 1%라도 더 올려보자는 계산이 있습니다. 상품별로는 조금 다릅니다. A, B, C상품 각각의 가격과 원가, 원가율의 변화가 다릅니다.

A상품은 가격과 원가를 분기가 지날 때마다 지속적으로 올리고 있어 숫자로 보았을 때도 고급화 포지셔닝을 위한 수순을 밟고 있는 것처럼 보입니다. B상품은 전체적으로 A상품보다 가격이 낮은데 시간이 지날수록 과감하게 가격과 원가가 낮아지고 있습니다. C상품은 앞선 두 상품과 비교가 안 될 정도로 높은 가격을 가지고 있었는데 점차 낮아지고 있습니다. 이해를 돕기 위해 단기간 극단적인 예를 나타냈지만 기간의 길이만 다를 뿐 제조·유통업에서는 심심치 않게 일어나는 현상입니다.

우선 이 기업은 주력으로는 A상품을 팔고 엔트리 레벨entry level 고객을 위해 보급형인 B상품을, 브랜드의 정체성을 위해 C상품을 상징적으로

단위	KPI	1분기	2분기	3분기	4분기
A 상품	가격	100	130	140	145
	원가	30	35	37	37
	원가율	30%	27%	26%	26%
B 상품	가격	50	40	30	15
	원가	20	15	12	5
	원가율	40%	38%	40%	33%
C 상품	가격	400	360	330	300
	원가	110	100	90	80
	원가율	28%	28%	27%	27%
상품 전체	가격	550	530	500	460
	원가	160	150	139	122
	원가율	29%	28%	28%	27%
상품 평균	가격	183	177	167	153
	원가	53	50	46	41
	원가율	29%	28%	28%	27%

표 3_분기별 판매 가격과 원가 변화

운영하고 있습니다. 주력 상품인 A상품의 가격을 높임으로써 고객으로 하여금 실제로 상품의 품질이 좋아지고 있는 것처럼 느껴지게 만들 수 있습니다. 또한 고객 범위를 넓히기 위해 같은 브랜드의 저가인 B상품의 가격을 파격적으로 낮춰 전체적인 파이를 넓힐 수 있습니다. 다만 이 정도의 원가로 만들 수 있는 상품이 A, C상품과 하나의 브랜드로 같이 가야 하는지는 의문이 드는 변화입니다.

실제 효과는 고객의 변화를 함께 봐야 알 수 있습니다. C상품은 브랜드 디자인이나 기술 수준을 업계에 알리는 시그니처 모델이지만 점점 가격이 낮아지고 투입되는 원가도 줄어들면서 상징적 수준의 퍼포먼스를 보장하느냐의 기로에 서 있으면서 동시에 브랜드 수준에 대한 다운그레이딩down-grading을 보여주고 있습니다.

이 팀은 A상품의 변화를 토대로 브랜드의 포지셔닝을 높이고 있다고 말하고, 회사에서도 매출이 성장하고 있다고 생각합니다. 하지만 A, C상품은 최상위 고객의 이탈과 수익성 저하, 포지셔닝이 흐려지는 효과를 만들면서 장기적으로 브랜드 전체의 성장 폭을 좁게 만들 위험이 있습니다. 선도 제품을 만들었던 회사라면 이런 변화는 회사의 명운을 건 결정일 수 있겠죠.

물론 이런 전략은 단기적으로는 매출이 늘어나고 기존 엔트리 레벨 고객의 확대, 원가율 절감으로 이익이 증가할 수 있습니다. 하지만 전체 포트폴리오를 면밀히 보지 않고서는 변화의 본질을 알 수 없습니다.

변화하는 고객의 성향

상품의 원가가 바뀌고 판매 가격이 조정되면 고객의 변화를 살펴야 합니다. 아주 중요한 작업입니다. 의도한 포지셔닝대로 고객의 기본적인 데모그래픽Demographic뿐 아니라 포스트데모그래픽Post-demographic 정보에 잘 드러나는지 자세히 살펴봐야 합니다.

-데모그래픽 정보: 고객의 나이, 거주지, 소득, 직업 등 전통적으로 CRM 분야에서 활용되는 속성

-포스트데모그래픽 정보: 고객의 사상, 문화적 성향, 흥미, 취미, 라이프 스타일 등 겉으로는 드러나지 않는 개인의 취향과 관련된 성향

제조업은 전통적으로 고객 정보보다 제조 과정 자체에 집중해왔기 때문에 콘텐츠를 소비하는 고객에 대한 정보가 부족합니다. 단편적으로 인터뷰나 전문기관에서 조사한 시장 설문 자료, FGI Focus Group Interview 등에 의존하는 회사가 아직도 적지 않습니다. 시장 동향 정보는 단순히 시장 전체를 알려줄 뿐 직접적으로 우리의 고객, 우리의 세그먼트 시장에 대해서는 정확하지 않을 수 있습니다. 가장 기초적으로 고객에 관한 이해가 부족하면 다소 부정확한 정보를 기반으로 많은 자원을 사용해야 하는 상황에 놓이게 됩니다.

다행스럽게도 내부적으로 제조나 유통을 하면서 고객 정보를 수집하고 있다면 변화 양상을 모니터링할 수 있습니다. 특히 원가 절감은 제품의 퀄리티와 가격의 교환 관계 Trade-off 가 수요에 어떤 영향을 미치는지 확인해야만 하는 부분입니다. 필수재라고 생각한 제품이 의외로 고객에게는 사치재로 여겨질 수 있고 반대 상황도 존재합니다.

제품의 포지셔닝을 이익 증가의 목적으로 변경할 때는 초기에 어떤 고객이 떠나고 어떤 고객이 유입되는지 각 고객층을 나눠 이익과 방문, 구매의 지속성을 촘촘하게 살피는 게 중요합니다. 수집하는 정보의 종류

가 충분하지 않기 때문에 구매 데이터를 통한 가설 수립, 그리고 가설을 검증해나가는 모델링으로 파생 변수를 분석하는 기법이 요구됩니다.

직접적인 소비자의 평가로 고객 유입과 이탈이 드러나긴 하지만 콘텐츠를 유통하는 유통망의 변화를 통해 사후적으로 보다 명확히 확인할 수 있습니다. 이는 회사의 콘텐츠 수준과 변화를 가장 객관적으로 평가하는 지표가 됩니다. 이런 변화는 대부분 중장기에 걸쳐 일어나고 회사의 콘텐츠가 전체적으로 시장에서 어떻게 평가되는지를 가장 차갑게 알 수 있는 방법입니다. 소비자 외에 유통 구조의 변화도 함께 보면 좋은 이유입니다.

오늘의 숙제

1. 최근 두 기간의 손익계산서를 보고 매출과 이익에 어떤 변화가 있는지 생각해봅시다.
2. 원가와 비용 측면에서 고객에게 가치를 주는 요소가 무엇인지 정리해보고, 실제로 증감하고 있는지 비교해봅시다.

PART
3

회사에서 프로 일잘러로
살아남는 법

〰️

| 기획자의 공부 편 |

16

실적이라는 숫자는
어떻게 만들어지는가

기획자가 자신의 성장의 진행 과정을 아는 것은 회사생활에서 아주 중요한 경험입니다. 실제로 성장 경험이 있는 직원과 그렇지 않은 직원은 커리어 평가가 달라집니다. 다른 회사로 이직을 할 때도 마찬가지죠. 보통 역량·과정·결과를 토대로 하나의 프로젝트나 서비스가 설명돼야 하기에 결과의 성공은 기획자의 역량과 일하는 과정을 신뢰할 수 있게 만들어줍니다. 그래서 실적을 잘 만드는 방법이 아주 중요합니다.

 탁월한 기획자들은 실적을 만드는 자신만의 프레임을 갖고 있습니다. 먼저 실적이 발생할 가정을 수립하고 실행으로 연결한 다음 가정한 결과가 나오는지 모니터링하고 피드백하면서 사업 기획을 완성합니다. 그래서 이런 행동을 하게 된 계기, 즉 실적을 만들어내는 사고의 프레임이 중요합니다. 어떤 생각을 갖고 있느냐에 따라 행동과 숫자의 결과가 달라지기 때문입니다.

일 잘하는 사람들은 일의 디테일보다 일의 프레임에 대해 많은 의견을 나눕니다. 실적을 만드는 많은 프레임을 알수록 조직은 다양한 방법론을 검토해볼 수 있고 결과적으로 대안이 되는 카드를 많이 갖게 됩니다. 기획자의 성장에 도움이 되는 몇 가지 프레임을 소개하겠습니다. 최근 기획자들이 많이 갖고 있는 프레임을 살펴보며 여러분이 활용할 수 있는 것을 찾아보세요.

| 개리 해멀의 혁신 이론 |

개리 해멀 교수는 오늘날의 경영 이론에 많은 영향을 미친 사상가입니다. 혁신이 기업 성과에 미치는 영향을 발표해 혁신가들을 자유롭게 만들고 작은 실험의 결과로 사업 전체를 바꿔 나가는 프로세스를 주장하는 등 현재 스타트업이 지향하는 경영 방식에 영향을 미쳤습니다.

특히 기업 경영의 관점을 통해 탁월한 매출 성장을 유지할 수 있다고 말합니다. 실적을 올리기 위해 비용을 쥐어짜내거나 숫자를 분석하는 것 자체에 매몰되지 말라고 강조하죠.

1. 혁신가를 자유롭게 하라

멕시코의 시멘트 제조회사 세멕스Cemex, 미국의 원단 제조회사 고어 W. L. Gore and Associates의 사례를 보면 직원들로부터 아이디어를 얻을 수 있다는 믿음을 갖는 것이 회사에 중요하다는 사실을 알게 됩니다. 모든 아이디어가 좋을 순 없지만 그중에서 쓸모 있는 아이디어는 반드시 존재하고 그런 생각들을 비즈니스로 연결하는 통로를 유지하는 것이죠.

세멕스의 고수익성 시멘트 주조방법과 PTFE 소재를 활용해 만든 고어텍스GORE-TEX는 이런 과정을 통해 세상에 나오게 되었습니다. 실리콘밸리에서 사내 벤처를 만들기 위해 여러 대회를 개최하는 것도 같은 이유입니다. 실적을 창출하기 위해서는 우선 생각을 자유롭게 풀어놓는 방법이 유용합니다.

2. 기업 외부를 살펴라

성공의 기회는 기업 내부에만 있지 않습니다. 외부로 눈을 돌리면 또다른 시장의 기회를 발견할 수 있습니다. 외부 협업으로 만들어진 OS 리눅스Linux, 가상의 개발 네트워크에 수천 명의 고객을 등록해서 개발 과정에 참여시킨 에픽게임즈Epic Games는 내부 역량에만 의지하지 않고 외부에서 혁신의 원천을 찾은 케이스입니다.

3. 급진적인 변화를 추구하라

단순히 경쟁사를 이기는 수준의 점진적인 변화가 아닌 급진적인 아이디어가 성공을 만든다고 말합니다. 페이팔Paypal이 송금 방식의 변화로 고객의 행동을 바꾼 것이나 디지털 카메라의 확산으로 필름 산업이 가진 경쟁우위의 판을 뒤엎은 사례, 단순화된 경로와 제로 서비스로 산업 경제를 변화시킨 사우스웨스트항공이 대표적인 예입니다.

이미 알고 있는 것이 아닌 새로운 방식은 고객이 표현하지 못하는 문제를 해결하는 것에서 이뤄지는 일이 많습니다. 고객에게 물어보는 것이 아니라 기업이 고객화가 되는 것이죠. 스타벅스의 선불카드나 최초의 소형 식기세척기 브리바Briva 역시 그렇게 탄생한 혁신 제품입니다.

4. 새로운 잠재력을 실험하라

신규 상품을 출시할 때는 처음부터 모든 상품과 매장에 적용하지 않는 것이 전략입니다. 섬유유연제 하나를 출시할 때도 주요 매장에서 먼저 고객의 반응을 보고 피드백을 거치며 점진적으로 늘려갑니다. 아이디어를 검증하는 실험이 전체 브랜딩과 실적에 중요한 영향을 미칠 수 있습니다.

5. 목표를 향해 끈질기게 노력하라

혁신을 실행할 때는 중간 과정을 체크할 수 있는 포인트가 필요합니다. 혁신의 과정을 큰 그림으로 그리고 주요 단계마다 마일스톤을 지정합니다. 마일스톤을 추적하면서 혁신이 목표를 향해 끈질기게 연속되고 있는지 살펴야 합니다. 중간 체크가 없으면 당장 눈에 보이는 결과가 나오지 않을 경우 포기하는 일이 벌어집니다.

GM과 도요타가 거의 동시에 하이브리드 자동차 개발을 시작했지만 도요타가 마일스톤을 잡고 끈질기게 추진한 나머지 지금까지 하이브리드를 대표하는 브랜드로 남아 있을 수 있었습니다. 이처럼 방향이 맞는 혁신은 멈추지 않고 전진해야 합니다.

이외에도 개리 해멀이 주장한 주요 핵심에 대해 자세히 알고 싶다면 2004년 〈하버드비즈니스리뷰〉에 개제된 "Funding Growth in an Age of Austerity"를 확인하세요.

| 조너선 번즈의 수익 관리 |

MIT의 교수 조너선 번즈는 모든 상품, 고객, 영업망이 같다고 말하지 않습니다. 데이터를 통해 수익을 가져다주는 것이 무엇인지 맵핑mapping 해서 당장 수익이 날 수 있는 액션을 찾아야 한다고 주장합니다. 조금 더 깊이 들여다보면 이익이 많이 나는 곳에 더 많은 자원을 배분하고 불필요한 비용과 자산을 줄이며 매각하는 방식으로 이어집니다. 지난 챕터에서 다룬 ROTC와 관련되어 있습니다.

항공사의 수익성은 노선별로 달라집니다. 고객 수요와 노선 운행에 들어가는 비용을 대조해보면 어느 노선이 수익이 나는지 알 수 있습니다. 2019년 반일 감정이 극대화되자 우리나라 사람들이 가장 많이 여행하던 일본 여행 수요가 급격하게 줄었습니다. 해당 노선의 매출이 급감하자 2019년 10월 국내 항공사 8곳에서 36개 노선이 운항을 중단했고 42개 노선을 감편하는 등 조정을 진행했습니다. 이처럼 노선 단위로 쪼개서 보면 항공사의 수익 구조를 알 수 있습니다.

적자가 늘고 있고 규모가 큰 곳일수록 자원을 회수하는 것이 효율적으로 자원을 활용하는 방법입니다. 조너선 번즈의 수익 맵핑은 이런 과정을 설명합니다. 2010년 적자에 허덕이던 일본항공은 이나모리 가즈오 회장을 법정관리인으로 맞이한 후 인원 감축을 포함한 대규모 구조 조정을 진행했는데, 그중 하나가 수익성 없는 장거리 노선을 정리하는 일이었습니다. 일본항공은 국제선의 40%, 국내선의 30% 노선을 폐지했습니다. 이런 과감한 결정은 맵핑을 통해 수익 구조를 정확하게 진단했기 때문에 가능했습니다.

최근에는 매출을 맹신하는 트렌드가 사라지고 있습니다. 아마존 신화는 한동안 많은 스타트업과 투자자들로 하여금 오랜 기간 이익은 나지 않아도 좋으니 뚜렷한 매출 성장을 통해 시장 지배자가 되는 것에 사활을 걸게 만들었습니다. 하지만 장기간의 적자는 분명 기업 활동에서 이상 신호입니다. 공유 경제의 대표 주자인 우버Uber도 이런 케이스입니다.

우버는 매출 성장률이 늘수록 적자가 커지는 구조를 보여왔습니다. 2019년 3분기 우버의 분기 매출은 약 4조 4,100억 원 수준으로 전년 동기 대비 30% 이상 성장했습니다. 하지만 1조 3,400억 원의 적자를 기록하며 적자 폭은 더 커졌습니다. 마케팅 비용을 비롯한 운영비의 증가가 우버의 발목을 잡은 것이죠.

우버만의 문제는 아닙니다. 1조 원 이상의 기업 가치를 인정받는 유니콘 기업도 2020년부터 수익 공개 요구를 받고 있습니다. 공룡 기업과 투자자들의 피해가 점점 많아지면서 투자를 많이 받는 것이 꼭 성공을 담보하지는 않는다는 사실을 말해주고 있습니다. 실제로 국내 유니콘 기업 중 상당수도 출구가 보이지 않는 적자에 시달리고 있습니다.

초기에 받은 투자로 수익이 나지 않는 분야까지 사업을 진행하는 것은 다시 생각해볼 필요가 있습니다. 시장이 성숙기에 진입 중인 상태에서 포지션이 최상위top-tier는 아니지만 높은 매출 대비 이익이 남지 않는 사업을 계속하는 것은 투자만 바라보는 것입니다.

기존 대기업들도 매출 중심의 사고를 깨고 방만히 버려지고 있는 비용과 이익에 전혀 도움이 되지 않는 자산을 재배치하거나 처분하는 결정을 빨리 내려야 합니다.

| 맥킨지의 가치 창출에 따른 매출 성장법 |

맥킨지의 파트너인 팀 콜러Tim Koller, 리처드 돕스Richard Dobbs, 빌 휴예트Bill Huyett는 매출액 성장을 달성하는 방법으로 시장 점유율 증가, 가격 인상, 산업 성장, 기업 인수를 제시합니다. 하지만 모든 성장 유형의 가치가 같다고 말하지는 않습니다. 어떻게 성장하느냐에 따라 창출된 가치가 달라집니다. 매출액 1달러당 창출된 가치를 기준으로 평균인지 또는 평균보다 크고 작은지를 구분해서 설명합니다.

평균 이상의 가치를 창출할 수 있는 성장 방법은 신상품을 통한 새로운 시장의 개척, 기존 고객들에게 더 많은 제품을 구입하도록 설득하는 방법, 신규 고객을 유치하는 방법이 있습니다. 각각의 근거로 신상품을 통한 시장 개척은 기존 경쟁업체가 없고 고객의 지출을 다른 곳으로 돌리기 때문에 장기적인 수익 창출이 가능하다고 설명합니다.

테슬라Tesla가 불러일으킨 전기차 열풍은 초반에 높은 점유율을 확보하게 만들었습니다. 글로벌 시장조사기관 IHS마킷IHS Markit의 집계에 따르면 2019년 11월까지 세계 전기차 시장에서 테슬라의 연간 누적 점유율은 19%로 2018년에 이어 1위를 유지하고 있습니다. 2018년 12%로 점유율 1위를 유지한 데 이어 기존 자동차 제조회사들과 더욱 격차를 벌렸습니다. 시장 선점은 초기에 높은 고객 인지도를 가져감으로써 포지셔닝 전략에서 우위를 갖게 만듭니다. 후발주자의 추격이 있어도 기술 격차로 차이를 만들 수 있습니다.

또한 기존 고객의 객단가를 높이거나 신규 고객을 유치하는 것은 경쟁업체 사이의 출혈이 적고 상호 복수 위험이 낮다고 주장합니다. 기업이 충성도 높은 고객을 붙잡기 위해 각종 멤버십 마케팅 전략lock-in을 펼치거나 프라임멤버십을 만들어 추가 구매에 대한 프로모션을 하고 취향에 따라 상품을 추천하는 방법 등이 여기에 해당됩니다.

평균 수준의 가치 창출을 발생시키는 방법으로는 성장 중인 시장에서 시장 점유율을 증대시키는 방법과 제품 성장을 가속화하기 위해 추가적으로 기업 인수를 진행하는 것이 있습니다. 이 방법들은 평균 이상의 가치를 창출하는 앞의 3가지 방법보다 출혈 경쟁 가능성이 높다고 평가됩니다.

　점유율 증대는 경쟁업체들과 시장 점유율을 놓고 쟁탈하는 상황이라 출혈을 각오해야 하는 경우가 발생합니다. 중국 커피 시장에서 루이싱커 피Luckin Coffee는 스타벅스에 대한 충성도 높은 소비자를 단기간에 빼앗 아오기 위해 마케팅 비용을 아끼지 않았습니다. 루이싱커피의 아메리카 노, 카페라떼 등 수요가 많은 엔트리 레벨의 가격은 약 20위안화지만 실 제로는 다양한 프로모션을 통해 40~50% 더 저렴하게 구매할 수 있습니 다. 커피교환권 10매를 선결제하면 50% 할인된다든지 특정 프로모션으 로 30~50% 할인 캠페인을 하는 경우도 많기 때문입니다.

　루이싱커피는 창사 이래 적자를 면치 못하는 상황으로 매 분기 실적 을 보면 마케팅 비용 등 판매관리비를 목표만큼 줄이지 못하고 있습니 다. 차를 즐겨 마시는 중국에서 2535세대를 중심으로 커피를 마시는 문 화가 늘어나고 있는 만큼 시장의 증가만 믿고 점유율을 늘리는 데 집중 했기 때문입니다. 경쟁자인 스타벅스도 중국에 리저브reserve 매장을 추 가로 늘리는 등 대대적인 점유율 경쟁을 펼치고 있습니다.

　그러나 루이싱커피의 전략은 실패로 결론 났습니다. 아랍 등 외국의 시장 점유율을 높이기 위해 공격적인 전략을 펼치던 루이싱커피는 2020년 회계 부정 사건이 터지면서 금융시장에서 신뢰를 완전히 잃고 말았습니다. 이익 구조가 견디기 어려울 정도의 점유율 증대 전략을 쓰 다가 그 부담을 견디지 못한 것이죠.

　기업 인수를 통해 매출을 늘리는 방법은 물리적으로 단기간에 시장 점유율을 획기적으로 증가시키는 방법입니다. 하지만 성공 잠재력 대비 프리미엄이 높은지는 평가가 쉽지 않습니다. 한때는 인수 합병이 기업 성장의 최고 전략으로 통했습니다.

시장 지형을 바꿀 굵직한 인수 합병은 고객 인지 속에 있는 포지셔닝을 바꾸기에 충분했습니다. 하지만 인수 합병을 통해 매출 증가보다 합병된 기업이 갖고 있는 막대한 부채나 흑자로 전환하기 어려운 기존 구조 등이 되레 기업의 발목을 잡는 사례가 많이 나타났습니다. 유동성 위기에서 헤어나오지 못하고 몇 년째 구조조정에 시달리고 있습니다. 이처럼 기업 인수는 높은 효과와 높은 리스크를 동반합니다.

평균 이하의 가치를 창출하는 매출 성장법으로는 모방 가능한 혁신을 통해 일시적으로 시장 점유율을 높이거나 제품 홍보와 가격 경쟁을 통한 시장 점유율 획득, 대규모 기업 인수를 진행하는 것이 있습니다. 이 방법들은 내부 역량으로 내재화시키지 못하고 가치 유출을 통해 효과가 일시적이며 장기적으로는 역효과가 발생하는 우려가 있습니다.

모방 가능한 혁신은 마찬가지로 경쟁업체가 간단하게 모방해서 고객을 되찾아가기 쉽습니다. 홍보와 가격 할인을 통한 점유율 획득은 기업 가치를 훼손시킬 수 있습니다. 글로벌 모바일 가전기업 중 한 회사는 회사채를 발행하면서까지 신제품 홍보에 많은 비용을 쏟아부었으나 고객의 선택을 받지 못해 재무 실적이 악화되는 결과를 맞았습니다.

가격 할인도 기존에 쌓아놓은 시장 포지셔닝을 약화시키고 충성도 높은 고객을 이탈하게 만드는 장기적인 리스크가 있습니다. 당장 매출을 올리기 위한 일회성 노력은 오히려 체질을 약화시킵니다. 팀 콜러 등의 컨설턴트들은 대규모 기업 인수 합병은 높은 프리미엄을 지급하게 되어 대부분의 가치가 매도한 주주에게 돌아갈 우려가 있다고 지적합니다.

이런 결과는 현재 우리가 추구하는 매출 전략이 어느 유형에 가까운 지 피드백하고 향후 더 높은 가치를 창출하는 방법을 어디서 어떻게 만들어야 하는지를 안내하는 프레임이자 지향점이 됩니다.

최근에는 기업 실적을 올리는 방법이 급속히 바뀌고 있습니다. MCN^Multi Channel Network(다중 채널 네트워크)을 활용한 상품 단위의 매출 전략이나 고객 경험 여정에 입각해 물류, 배송, 결제 등에서 경쟁사와 뚜렷한 차이를 만들어내는 차별화된 역량으로 시장 점유율을 늘려 나가는 방법이 보편화되고 있습니다.

우리가 일상생활에서 자주 이용하는 블랭크코퍼레이션이나 마켓컬리, 쿠팡 등의 기업은 앞서 설명한 전통적인 프레임으로는 설명되지 않습니다. 카카오, 네이버에서도 이들이 하는 서비스 모델을 받아들여 자신의 플랫폼 위에 추가하고 있는 상황입니다.

이런 기업들 역시 위에서 언급한 프레임에서 자유로울 수는 없습니다. 내부적으로 들어가보면 혁신가에게 자율권을 주고 실험을 통한 시도를 아끼지 않으며 수익이 나지 않는 서비스는 과감히 접거나 피벗을 진행합니다.

매출을 늘리는 방법도 치킨게임보다 고객 취향에 맞는 빅데이터 큐레이션을 통해 서비스를 개인화하거나 시간 또는 장소 등 고객 경험으로 분류한 새로운 시장을 창출해나갑니다. 기존의 시장 지배자들이 당연하게 생각하던 가격이나 품질 표준을 무너뜨리는 제품으로 레드오션 시장에서 빠르게 침투하는 기업도 있습니다.

그럼에도 기획자들이 실적을 내는 프레임을 아끼는 이유는 분석이나 기획이 결국 실적을 만들어내지 못하면 쓸모없어지기 때문입니다. 이 챕터에서 소개한 여러 이론 외에도 사고의 프레임은 많습니다. 적극적으로 찾고 비교해본다면 개인의 성장에 큰 도움이 될 것입니다.

오늘의 숙제

1. 회사가 혁신가들을 자유롭게 하고 있나요? 어떻게 하면 혁신가가 될 수 있을지 생각해보세요.
2. 새로운 시장을 개척하거나 기존 고객에게 구매를 유도하거나 신규 고객을 유치하는 방법 중 지금 당장 회사에 필요한 것은 무엇인가요?

어떤 프레임을 갖고 있느냐에 따라
행동과 숫자의 결과가 달라진다.

17

과거를 보여줄 것인가,
미래를 예측할 것인가

미국 투자은행 골드만삭스Goldman Sachs는 2017년 빅데이터를 활용한 주가 분석을 발표했습니다. 투자 상품의 미래 지수에 대한 예측이 중요한 회사인 만큼 중요성은 알고 있었으나 활용 사례가 적었던 빅데이터 기반의 주가 예측은 시장의 주목을 받았습니다. 그리고 1~2년 뒤 국내에서도 골드만삭스의 데이터를 활용한 퀀트투자 상품을 취급하는 금융사가 생겨나기 시작했습니다.

펀드매니저가 주가를 예측하는 시기를 지나 2000년대 초반부터 시작된 인공지능 운용이 조금씩 활성화되기 시작했습니다. 최근 국내 주요 애널리스트들이 해외 주식을 분석한 자료를 보면 재무제표나 물동량 추이뿐 아니라 구글트렌드Google Trend 같은 데이터를 통해 미래를 예측하는 접근법도 많이 보입니다. 이제 데이터를 활용한 예측은 비교적 낮은 문턱까지 내려왔습니다.

유럽의 명품 브랜드 발렌시아가Balenciaga나 최근 부활한 구찌의 실적이 구글트렌드의 단어 조회 수와 시간상 선후관계를 강하게 보이는 것으로 분석됐습니다.

　개인 역시 미래를 내다보는 도구를 손쉽게 얻을 수 있는 시대가 되었습니다. 그러나 아이러니하게도 회사 업무로 돌아오면 이런 이상적인 세계는 멀어 보이기만 합니다. 아젠다부터 업무 방식까지 과거의 틀에서 쉽게 벗어나기 어려운 중력이 작용합니다. 하지만 대부분 기업에서 과거의 방식으로 새로운 실적을 내기 어렵다는 한계에 봉착한 것도 사실입니다. 데이터를 활용해 미래 트렌드를 알고 사업에 반영하는 일이 필요합니다.

　예측해야 하는 일이 상당히 많은 기획자들은 이런 고민에서 가장 앞서 있습니다. 매출과 이익을 예측하는 일부터 신사업 준비에 이르기까지 사실상 기획 업무는 미래 트렌드와 다투는 자리입니다. 여기에 기획자는 숫자로 말하지 않으면 설득하기 어려운 포지션이 대부분이라 타당한 근거로 예측을 진행할 수밖에 없습니다. 이것은 '정리한다'는 생각을 '예측한다'로 바꾸는 것에서 출발합니다. 정리하는 것과 예측하는 것은 어떤 차이를 만들까요?

빅데이터로 하는 일은 생각보다 많습니다. CRM은 빅데이터를 통해 꾸준히 성과를 내고 있는 영역입니다. 고객의 구매 데이터를 모아놓고 구매 패턴을 찾는 것이 출발점입니다. 넛지Nudge처럼 적절한 시점에 고객이 살 만한 상품을 보여주면 더 많이 구매하게 된다는 것이 큰 아이디어입니다.

아마존은 고객이 클릭한 상품의 카테고리에서 다른 사람이 산 것을 추천하고 눈에 잘 띄도록 모바일 앱의 메인 화면에 관심 상품을 랜딩 페이지로 걸기도 합니다. 구매 목록으로 확인된 고객 취향이라는 답안지를 놓고 새로운 문제의 답을 확률로 예측하는 것이죠.

이런 전략을 구사하기 위해서는 전체 매출에서 회원 고객이 차지하는 비중이 높아야 하고 오래 기간 패턴이 보일 만큼 데이터를 적재해야 합니다. 고객의 관심사와 정보로 변별력 높은 결과를 예측하기 위해서는 서로 영향을 주지 않는 변수가 다양한 것이 좋습니다.

나이와 결혼 여부는 비교적 비슷한 경향을 따르는 변수라 고객의 차이를 설명하기는 부족합니다. 나이와 소득 수준, 직업 같은 서로에게 영향을 덜 주는 변수들이 많을수록 분석하기 좋습니다. 그래서 다양한 범위를 다루는 금융 관련 데이터가 높은 가치로 평가받습니다.

그동안 공급자 중심에서 푸쉬하는 방식으로 매출을 올렸다면 지금은 수요자인 고객 한 명 한 명이 어떤 생각을 하고 있는지 예측하는 것으로 방식이 바뀌고 있습니다. 과거에 비해 취향이 다양해지고 더 많은 상품이 롱테일long-tail을 만들기 때문에 기업에서 많이 활용됩니다. 상품 기획도 미래에 잘 팔릴 상품을 예측하는 방식으로 패러다임이 바뀌고 있습니다.

패션 산업은 사실 트렌드가 정해져 있는 것과 다름없습니다. 소비자들이 갈망하는 트렌드는 이미 몇 년 전 패션쇼에서 공개된 것이죠. 영화 〈악마는 프라다를 입는다〉에는 이러한 패션 시장의 흐름이 고스란히 드러나 있습니다. 런웨이에서 최초로 소개된 디자인이 하이엔드High-end에서 프레타포르테pret-a-porter로, 백화점 브랜드에서 저가의 브랜드로 넓게 퍼져나가는 것이 전통적인 트렌드 양상입니다.

요즘은 이런 방식으로만 트렌드가 탄생하는 것이 아니기에 일반화하기에는 무리가 있지만 여전히 유효한 트렌드 흐름이기는 합니다. 그래서 많은 매스Mass(중저가 세그먼트) 브랜드가 하이엔드 브랜드의 디자인을 카피하려고 노력하다 보니 불미스러운 사건이 많이 터지기도 했죠. 이런 트렌드 방식을 바꾼 것이 세계 1위의 패션기업인 인디텍스Inditex입니다. 자라 브랜드가 속한 곳입니다.

인디텍스는 하이엔드 브랜드의 상품을 최대한 빠른 시간 안에 디자인 포인트만 잡아서 저렴한 가격으로 대량 판매하며 단기간에 급성장했습니다. 유명 배우가 시상식에 입고 온 명품 드레스를 몇 주 안에 비슷하게 디자인해서 10분의 1도 안되는 가격으로 전세계 매장에 내놓는 것이 이 회사가 트렌드를 쫓는 방법이었습니다.

이 회사는 향후 잘 팔릴 것 같은 상품을 트렌드 선도 채널에서 찾았습니다. 그 채널이란 하이엔드 브랜드의 패션쇼나 각종 시상식, 트렌드 세터trend setter가 자주 가는 거리 등이죠. 어려운 예측에 많은 돈을 쓰지도 않고 흔한 옷을 만들어 디자인을 진부화시키지도 않았습니다. 이처럼 예측할 수 있는 미래는 생각보다 우리와 아주 가까이 있습니다.

인디텍스의 접근법은 오래전부터 많은 경영 현장에서 쓰이고 있습니다. 인디텍스는 이 책에서도 설명한 베스트 프랙티스를 옷을 디자인하는 데 활용한 것이죠. 이미 알고 있는 패턴에 지금의 재료를 넣어서 새로운 값을 구하는 것이 데이터를 활용한 예측 방법입니다.

공장에서 기계 마모나 불량을 찾아내는 일은 많이 알려진 빅데이터 활용 사례입니다. 원리는 비슷합니다. 기계가 고장 나서 생산 라인이 멈추고 불량품이 발생하는 데는 일정한 패턴이 전제되어 있습니다. 물류에서 동선의 최단거리를 찾거나 고객이 주문할 것 같은 상품을 미리 창고에 쌓아두는 것도 과거 패턴을 미래에 적용할 수 있다는 아이디어에서 비롯된 것입니다. 패턴을 수식으로 만들거나 원리를 찾으면 보다 수월하게 미래를 추정할 수 있습니다.

| 실무자들이 즐겨 쓰는 머신러닝 |

가장 섹시한 직업으로 불리는 데이터 과학자가 아니더라도 머신러닝

Machine-learning을 활용해 패턴을 찾고 예측하는 업무는 누구나 할 수 있습니다. 통계 패키지나 R, Python 등 오픈소스 프로그래밍 언어에서 제공하는 알고리즘을 활용하면 생각보다 어렵지 않습니다. 최근에는 영업기획자가 Python을 이용해 일한다는 이야기도 들었습니다.

그동안 연역적 사고로만 기획했다면 이제는 데이터를 활용해 귀납적 방법으로 검증하고 인사이트를 찾아야 합니다. 연역적 사고는 환경의 변화에 많은 시행착오와 비용을 들일 수밖에 없습니다.

기존에 점포를 개발하는 업무는 개발 담당자의 영업망, 쉽게 말해 인맥으로 하는 일이었습니다. 영업기획팀에서는 참신한 기획보다 과거 성공한 패턴에 따라 기존 인적 네트워크를 통해 신규 점포를 개발했습니다. 예를 들면 대중교통의 발달에 따라 '버스 정류장 앞 가게'라든지 '지하철 출입구 앞 상가' 등으로 상권 패턴을 정했죠. 이런 패턴으로 성과를 거두기도 했습니다. 사람이 많이 몰리는 곳은 온라인과 오프라인, 현재와 과거를 가리지 않고 많은 매출이 발생하는 조건이니까요. 하지만 문제는 이런 패턴이 모두 매출로 이어지지는 않습니다.

좋은 자리는 임대료가 비싸기에 매출이 좋아도 수익 구조를 버티지 못하는 매장들이 속출했습니다. 점포개발팀은 대안을 만들어야 했습니다. 기존 패턴을 바꾸는 것이죠. 1층 상가를 2층으로 옮겨 임대료를 줄여보기도 했습니다. 하지만 업종에 따라 2층으로 옮기는 전략은 오히려 매출을 급격하게 떨어뜨리는 원인이 되었습니다.

흔히 '전문가 시스템'이라고 알려진 휴리스틱 알고리즘heuristic algorithm

(제한된 시간과 자원에서 특정 패턴으로 전체를 추정하여 결론을 만들어내는 문제 해결 방법)은 이렇듯 단면을 보고 원리를 정리할 수는 있지만 변화하는 패턴을 늘 따라가지는 못합니다. 그래서 사람이 변화에 민감하게 반응해야 하는 숙제가 따릅니다. 트렌드를 잘 파악하는 기획자라도 감각이 떨어지면 금세 경쟁력을 잃게 됩니다. 변화가 빠른 소비재나 유통, 패션, 코스메틱 업계에서 중장년의 기획자가 드문 것도 이러한 숙명이 자리하고 있기 때문이죠.

앞선 점포개발팀은 전문가 시스템을 넘어선 대안이 필요했습니다. 머신러닝의 등장은 이 지점에서 기획과 만날 수 있습니다.

시작은 판단을 컴퓨터에 맡기는 것

가장 쉬운 머신러닝 적용은 판단을 맡기는 것입니다. 양자 선택의 문제는 지도학습Supervised Learning(컴퓨터에게 과거 데이터를 주고 현재 데이터의 입력에 맞는 출력을 찾는 머신러닝 방법)을 통해 쉽게 접근할 수 있습니다. 정답 패턴을 컴퓨터에게 학습시킨 다음 정답과 비슷한 패턴을 보이는 고객이나 상품을 찾아내는 것이죠.

실제 업무에서 가장 어려운 점은 적용할 주제를 정하는 것입니다. 기획자가 회사 내부에서 판단을 내리기 힘든 상황이라면 어려운 일이겠지만, 여러 부서들과 협업해서 중요한 판단 중 실무자의 암묵지를 머신러닝으로 해볼 수 있습니다. CRM 캠페인의 고객 전환율(발송한 메시지 대비 유입되는 비율)을 올리는 것이나 재고 운영에서 할인 시점과 가격을 정하는 것부터 시도해보기를 추천합니다.

UI/UX 분야를 중심으로 활용되고 있는 그로스 해킹Growth hacking(고객에 맞춰 서비스 형태를 즉각 반영하고 대조군 실험 등을 통해 정답을 찾는 디지털 마케팅 기법)처럼 서비스와 고객을 서로 맞추는 것도 좋은 출발이 될 수 있습니다. 20세기 방식으로 기획하기에는 세상이 너무나 빨리 변하고 있으니까요.

저도 머신러닝을 배우고 나서 과거에 기획했던 가설이 실제와 얼마나 다른지 몸소 체험했습니다. 데이터로 일하면 생각보다 단순한 패턴이 정답이라는 결론이 날 때가 있습니다. 그리고 상당수는 핵심적인 데이터를 많이 확보할수록 높은 확률로 정답이 찾아지는 경우도 있습니다.

대부분의 기업은 불투명한 과거 데이터와 씨름하고 있습니다. 핵심적인 데이터라고 만들어 적재를 하는데, 데이터가 어떻게 생성되느냐에 따라 쓸 수 없는 데이터가 되기도 하고 정답 확률이 줄어드는 경우도 있습니다. 많은 유통업에서 고객 조사할 때 가장 중요한 항목 중 하나가 가구당 자녀의 수입니다. 유아동 카테고리는 필수재가 많고 저출산 경향으로 자녀에게 모든 가치를 투여하는 사회 흐름이 있기 때문이죠. 그래서 자녀 여부 및 자녀의 수는 유통 데이터에서 높은 가치를 갖고 있습니다.

하지만 자녀와 관련한 데이터는 저절로 만들어지지 않습니다. 예를 들어 고객이 온라인쇼핑몰에 가입할 때는 자녀가 없었는데, 이후 자녀가 생겼다고 해서 굳이 회원정보에 들어가 내용을 수정하지는 않습니다. 수정할 의무도 필요도 느끼지 못하기 때문입니다. 그래서 자녀의 수나 나이 추정은 데이터를 활용하는 과제로 자주 등장합니다.

자녀가 있는 고객들이 자주 구매한 상품이나 서비스, 행동 정보가 많을수록 자녀 유무에 따른 패턴을 찾아내기 쉽습니다. 동종업계에서 자녀가 있는 고객이 2만 명인 기업과 20만 명인 기업은 패턴을 찾는 정확도에서 많은 차이를 보일 수밖에 없습니다. 결국 핵심 데이터를 많이 확보하는 것이 의사결정의 정확도를 높이는 차이를 만듭니다.

이런 과거 데이터나 프로그램이 충분하지 않다면 이제부터라도 몇 명을 모아 팀 스터디를 진행해보세요. R이나 Python은 설치가 무료고 구글링을 통해서도 기본적인 수준은 할 수 있습니다. 하다 보면 데이터 확보와 서버 스펙이 문제가 되지만, 금융이나 추천 서비스를 다루지 않는 이상 머신러닝 알고리즘으로 충분합니다. 여러 알고리즘을 섞은 앙상블 ensemble 모형을 만든 것보다 기본적으로 많이 쓰는 회귀, 신경망, 의사결정나무도 상당 부분 정확성을 보입니다.

| 데이터를 다룰 때 고려해야 할 것들 |

회사에서 데이터를 다루는 환경은 다양합니다. 과거에 구축한 ERP를 통해 BI 솔루션으로 데이터를 보는 것이 중견기업 이상에서 마주하는 환경이라면 스타트업에서는 ERP 구축 전 오픈소스나 간단한 상용 BI 솔루션을 이용해 서버에 있는 데이터를 직접 코딩해서 분석하기도 합니다.

데이터는 기업 내부에 존재하지만 적재 방식에 따라 다뤄야 하는 도구가 판이하게 달라집니다.

하지만 도구가 달라도 데이터를 마주할 때 공통적으로 풀어나가는 문제 해결 방법이 있습니다. 먼저 풀어야 할 과제를 명확하게 정의한 다음 가장 처음으로 내부에 쌓인 매출, 재고, 발주, 재무, 고객 데이터 등을 보고 무엇이 문제를 푸는 데 도움이 되는 데이터인지 확인합니다. 거기서부터 시작입니다.

1. 목표하는 지표가 무엇인가?

우리가 알고자 하는 값과 값에 영향을 주는 값들을 통해 예측할 수 있습니다. 함수로 말하면 종속변수(Y값)와 독립변수(X값)죠. 비즈니스에서 Y에 영향을 주는 X가 무엇인지 정의하는 것은 데이터를 처음 볼 때 또는

• 주말 매출에 영향을 주는 요인은 무엇인가?

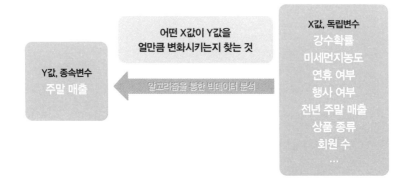

그전에 정리돼야 합니다. 정성적인 주제를 풀어나간다 해도 가장 유사한 정량적 목표를 가정이나 추론에 의해 정하는 것이 필요합니다.

처음 기획 일을 시작하면 어떤 데이터를 봐야 할지 몰라서 많은 시간을 허비합니다. 회사에 어떤 데이터들이 있는지 모르기 때문이죠. 냉장고에 요리할 재료가 무엇이 있는지도 모른 채 요리 이름만 되뇌고 있는 상황입니다.

회사 내부에 ERD^{Entity Relationship Diagram} 같은 문서가 있다면 자주 들여다보면서 어떤 데이터가 언제, 무슨 기준으로 발생하는지 파악해야 합니다. 특히 재무제표의 항목들은 발생 기준을 정확하게 알아야 나중에 두 번 일하지 않습니다.

예를 들어 생산 프로세스에서 소요 시간을 측정한다면 ERP에 각 생산 단계별로 찍힌 날짜를 불러와서 상품별로 계산해서 평균을 낸다든지 하

• 어느 단계에서 정체가 심한가?

A단계	B단계	C단계	C단계
기존 평균 30일	기존 평균 3일	기존 평균 21일	기존 평균 7일
5월 1일 입력	5월 30일 입력 6월 8일 입력	6월 30일 입력	7월 7일 입력

담당자의 실수로 늦게 입력했다면 B단계가 속도 저하의 원인으로 잘못 분석된 대안을 만들 수 있다. 문제는 C단계일 수도 있는데 말이다.

는 식으로 작업할 수 있습니다. 하지만 현장의 문제를 파악하기 위해서는 간략한 명사로 되어 있는 ERP의 날짜들이 정확하게 실물을 어떻게 다루고 어떤 경로를 통해 찍히는지 확인이 필요합니다.

시스템으로 인식되어 날짜가 찍히는 경우도 있지만 사람이 입력하는 부분이라면 늦게 입력해도 입력 당시의 시스템 시간으로 올라가 있기 때문이죠. 전사적으로 과거 데이터 정합성에 대한 중요성을 모르는 상태에서 사람이 기계적으로 입력한다면 이 데이터는 신뢰할 수 없습니다.

비즈니스 도메인 지식이 있어야 정확한 변수를 파악할 수 있는 일도 많습니다. 고객 마일리지 적립의 기준이 되는 것도 마찬가지죠. 기업에서 미리 부채로 잡는 마일리지는 양날의 검처럼 다가올 때가 있습니다.

• 마일리지 적립률을 조정해야 할까?

고객명	날짜	채널	구매 금액	적립 마일리지	사용 마일리지	영수증 번호
A	20200302	Mart	15,000원	15원	0원	202003020101
B	20200302	Mart	60,000원	50원	10,000원	202003020102
C	20200302	CVS	50,000원	50원	0원	202003020201
A	20200303	Mart	5,500원	5원	0원	202003030101
D	20200303	CVS	7,500원	5원	5,000원	202003030201

현재 마일리지 현황에 대한 분석을 하기 위해서는 마일리지 적립과 사용정책에 대해 아는 것이 먼저다. 단순히 데이터에서 적립 마일리지를 계산하고 비교하는 것으로는 충분하지 않다. 영수증 번호마다 기준이 다른 마일리지 적립률 및 정책을 알고 분석해야 대안까지 연결시킬 수 있다.

정확한 계산과 향후 정책을 위해 기획과 재무 분석가가 머리를 맞대고 논의하는 주제 중 하나입니다.

고객이 지불한 금액 중 마일리지 적립 기준을 정확하게 모른다면 계산에 혼선이 생깁니다. 고객이 지불한 금액 전체가 마일리지 적립 대상이 되는지, 쿠폰 등을 통해 받은 할인은 제외되는지, 일시적인 이벤트로 마일리지 적립 금액이 달라지는지 등을 다 확인하지 못하면 나중에 큰 규모로 마일리지 정책에 변화를 줘도 예상했던 재무 효과를 거두지 못하는 일이 벌어질 수 있습니다.

2. 고유한 열쇠가 되는 변수는 무엇인가?

데이터는 컴퓨터공학을 전공한 사람에게는 익숙하지만 경영학이나 인문계열을 전공을 한 사람에게는 여전히 미지의 이름입니다. 듣는 순간 코딩이 떠오르며 어렵겠다고 생각하죠. 하지만 기획자가 되어 데이터를 다루게 되면 고유한 열쇠, 흔히 '키key 값'이라고 부르는 용어에 익숙해져야 합니다.

데이터가 행과 열로 정형화된 포맷으로 구성된 테이블에서 각 행에 해당하는 관측치가 고유하게 다른 정보라는 것을 인식하게 만들어주는 열이 키 값입니다.

예를 들어 상품 단위의 리포트를 BI에서 보면 각 행마다 다른 상품이 나열되어 있고, 열에는 상품의 판매량이나 재고, 만든 사람 등이 기입되어 있습니다. 이 리포트에서 키 값은 상품 번호일 것입니다. 유입 채널이

• 매장과 포스를 연결하는 키 값은?

날짜	매장	POS	구매 금액	정상 금액	할인 금액	구매 시간
20200115	A	1	5,000원	7,000원	2,000원	12:10
20200115	A	2	12,000원	12,000원	0원	14:00
20200115	B	1	7,000원	10,000원	3,000원	14:05
20200115	B	1	20,000원	20,000원	0원	14:32
20200115	B	2	4,500원	4,500원	0원	15:10
20200115	B	2	14,000원	14,000원	0원	15:50
20200115	A	1	20,000원	20,000원	0원	17:10
20200116	A	2	8,000원	10,000원	2,000원	11:30
20200116	A	1	1,500원	1,500원	0원	11:45
20200116	B	2	15,000원	15,000원	0원	12:40
20200116	A	1	9,000원	10,000원	1,000원	13:01

나 매장 단위의 실적 리포트라면 매장 코드나 유입 채널 코드, 위의 마일리지 적립률에서는 영수증 번호가 키 값입니다.

하지만 직접 서버에서 데이터를 SQL, R, Python 등으로 본다면 테이블에서 키 값을 찾지 못해 혼란을 겪을 수 있습니다. 2가지 이상의 열에 있는 변수를 결합해야 고유한 정보가 되는 경우가 있기 때문이죠.

예를 들어 서버에 있는 한 테이블이 일 단위로 매장과 매장 내 포스 POS별로 매출을 적재하고 있다면 무엇을 보느냐에 따라 각 행을 그룹으로 만드는 범위가 달라집니다. 보통 매장 내 포스 번호가 1~10번 사이의 숫자로 이뤄지는 경우가 많아서 이 열만 가지고 분석한다면 어느 매장의 포스인지 알 수 없습니다. 이때는 매장과 포스를 결합해서 키 값으로

• 매출 정보와 제조 정보를 결합하는 키 값은?

상품별 매출 정보

날짜	매장	상품 코드	매출액
20191001	A	P10	5,603,000원
20191001	A	P22	1,240,000원
20191001	A	P25	7,000,000원
20191001	B	P10	4,250,000원
20191001	B	P22	900,000원
20191001	C	P10	3,710,000원
20191001	C	P22	780,000원

상품별 제조 정보

상품 코드	생산지	생산업체	원가
P10	US	A_12	5,200원
P11	KO	T_71	6,100원
P12	CH	X_13	1,300원
P20	CH	X_13	2,300원
P22	KO	T_89	780원
P25	US	A_12	910원
P30	CH	X_13	5,500원

삼아야 합니다.

일별로 매출 추이를 확인하고 싶다면 날짜를 결합해서 키 값으로 삼아야 데이터를 집계할 때 중복이나 의미 없는 숫자를 연산하지 않을 수 있습니다.

키 값을 잘 알아야 하는 이유는 여러 테이블을 하나로 연결할 때 기준이 되기 때문입니다. 매장 단위로 상품별 매출 정보를 가진 테이블과 상품별 제조 정보를 담은 테이블은 생성되는 주체가 다르기에 처음부터 하나의 테이블로 모아서 관리하기 쉽지 않습니다.

유통업 기획자라면 관리 및 처리의 문제로 별도 관리되고 있는 매출 정보와 생산자가 입력한 제조 정보를 연결해서 분석하는 일이 많습니다. 이때 2개의 테이블에서 공통적으로 쓰이는 키 값을 찾고, 중복되거나 누락하는 행이 있는지, 있다면 어느 경우인지를 알아야 정확한 분석이 가능합니다. 이런 경우는 보통 상품 코드가 키 값이 됩니다.

이처럼 날짜별로 매장에서 발생하는 매출액과 원가 정보를 연결해서 매장 단위의 이익 추이를 분석할 수 있습니다. 평소 ERD 등을 통해 데이터 구조를 많이 봤다면 보다 쉽게 해결할 수 있습니다.

3. 의미 있는 관계가 있는가?

데이터를 알면 기획자가 할 수 있는 것이 많아집니다. 문제 해결의 결과가 되는 지표를 종속변수로 놓고 독립변수로 생각하는 테이블의 여러 변수를 넣어서 각 변수들이 영향을 미치는 비중과 변화를 분석하고 결과를 활용할 수 있습니다. 하지만 2가지 유의사항을 확인해야 합니다. 통계적으로 유의미한지, 사업적으로 유의미한지를 말이죠.

통계적으로 의미 있다는 것은 '각 독립변수가 종속변수의 변화를 설명하는 게 맞다'는 뜻입니다. 매출 변화의 원인을 찾는 일에 여러 변수를 투입해봅시다. 나와 상사들의 직관, 평소 대화를 통해 들은 내용들을 변수로 만들어서 아무 검증 없이 원인과 결과를 분석하는 보고서를 만든다면 어떻게 될까요? 사실 대부분의 회사에서 이렇게 일하죠. 그렇지만 통계적으로 유의미한지 증명되지 않은 관계로 사업의 피드백을 할 수는 없습니다. 원인을 아는 것과 대충 넘겨짚는 것은 일의 다음 방향이 다릅니다.

어느 유통점에서 최근의 매출 부진 원인을 20대 초반의 구매가 줄어서라고 판단을 내렸습니다. 관찰과 직관을 통해 잠정적으로 결론을 내린 것이죠. 그러고 나서 20대 초반의 고객들이 좋아한다고 생각하는 콘텐츠를 더욱 대대적으로 프로모션하는 영업 전략으로 바꿨습니다. 결과는 어떻게 됐을까요? 아무런 변화도 일어나지 않았습니다.

나중에 통계로 분석한 결과 20대 초반이 좋아할 거라고 생각한 콘텐츠는 실제로는 30대 고객이 많이 구매했습니다. 또한 과거 매출 자료에서 상관 분석을 해보니 20대가 선호하고 더 많이 구매하는 콘텐츠는 유통점이 생각지도 못한 상품이었습니다. 과거 현장에서의 인식이 부정확하고 안일했다는 것을 알 수 있죠.

사업적으로 의미 있다는 것은 상관관계든 인과관계든 도출된 '패턴이 돈이 되는가'에 대한 물음입니다. 앞의 여러 예시를 통해 변수와 변수 사이에 어떤 관계가 보인다는 것을 알게 되었습니다. 한 변수가 증가할 때 나머지 변수가 얼마나 증감하는지, 여러 변수들을 통해 한 변수를 설명하는 식이 나온다든지, 기존에 생각하지 못했던 상품과 채널의 배열을 찾았습니다. 하지만 안타깝게도 모든 결과가 다 쓸모 있지는 않습니다.

이런 조합이 아주 특수하고 적은 수를 차지하고 있다면 아무리 정확한 사실이라도 기업에 이익을 가져다주지 않습니다. 비용 대비 편익이 부족하다면 관측치가 있는 데이터라고 해도 실행하지 않는 게 나을 수도 있습니다.

또한 전혀 쓸모없을 것 같은 2개 이상의 관계에서 나타난 상관성도 주의해야 합니다. 날씨 변화에 따라 매출이 변화하는 관계를 찾았다고 해도 날씨를 예측하는 것은 어려울뿐더러 높은 확률로 날씨를 알아도 기업 활동이 없다면 이런 정보는 유용하지 않습니다. 내부에서 결과에 대한 평계를 찾는 데 이용될 뿐이죠.

사업의 본질이 무엇이느냐에 따라 때로는 복잡한 모델링의 확률보다 단순한 두 변수의 관계 설명이 더 효과적인 분석이 될 수도 있습니다. 이처럼 데이터의 성질을 이해하게 되면 아까운 시간을 허비하며 야근하는 일을 막을 수 있습니다.

단 데이터를 다루는 일은 대부분 처음에 제대로 하지 않으면 뒤로 갈수록 수정이 기하급수적으로 늘어나는 아찔한 상황을 맞게 됩니다. 돌다리도 두들겨보고 건너가는 것이 데이터를 통해 인사이트를 찾는 모습이 아닐까 생각합니다.

오 늘 의 숙 제

1. 나의 판단과 예측에 머신러닝이나 통계를 적용할 수 있을까요?
2. 예측이나 판단을 위한 데이터가 충분하지 않다면 어떻게 확보할 수 있을지 생각해봅시다.

예측할 수 있는 미래는 우리의 생각보다
아주 밀접하게 연결되어 있다.

18

기획자가 뉴스를
즐겨봐야 하는 이유

~~~

탁월한 사업 아이디어를 찾고 구체화시키는 과정에 필요한 숫자를 모두 구해도 제대로 표현하지 못하면 회사생활에서 상당히 평가 절하되는 결과를 볼 수 있습니다.

회사에서 일 잘하는 사람으로 평가받는 사람들은 보고서를 쉽고 빠르게 완성합니다. 심지어는 몇 사람과 주고받은 대화에서 아젠다를 뽑고 논리적인 프레임을 만들어 사업 전개 방향까지 술술 제언합니다. 이런 능력은 타고난 재능일까요? 그렇지 않습니다. 훈련의 차이일 뿐입니다.

모든 기술에는 자습서가 필요합니다. 이론은 언제나 큰 관점을 기르게 해주지만 구체적인 행동에 이르기까지는 이론 이상의 고민과 창의력이 필요합니다. 자습서는 이를 쉽게 하기 위해 만들어진 실전 훈련이죠. 보고서와 커뮤니케이션을 포함한 '보고'하는 능력을 기르기 위해서는 뉴스보다 좋은 교재가 없습니다.

뉴스는 짧은 시간 안에 새로운 소식을 논리적인 관점으로 설명합니다. 단 몇 분 만에 불특정 다수를 설득하는 것은 쉬운 일이 아닙니다. 탐사 보도의 경우에는 몇 달 이상 준비하며 만들어지지만 몇 시간 만에 만들어지는 뉴스 기사도 많습니다. 준비하는 기간이 짧고 시간이 지나면 눈앞에서 사라지는 TV 속 프레젠테이션에서 기획자는 무엇을 보고 배울 수 있을까요?

| 차트와 도표 활용법을 배울 수 있다 |

대부분의 뉴스는 짧은 시간 내에 효과적으로 주제를 전달하기 위해 그래픽을 활용합니다. 숫자로 된 데이터나 사건의 순서는 글로 써서 설명하는 것보다 차트와 도표로 설명하는 것이 훨씬 직관적이고 이해도를 높입니다. 보고서에서 빠질 수 없는 각종 숫자들, 업무 프로세스나 경쟁사와의 비교, 시장의 동향 등을 나타낼 때 쓰는 그래픽의 원리가 매일 뉴스에 나오고 있는 것입니다.

프로세스는 화살표를 사용해서 한눈에 전체가 보이도록 해야 합니다. 코로나19 확산 관련 뉴스를 보면 복잡한 질병의 감염 경로와 상황을 시간 순서에 따라 화살표와 다양한 색으로 정리하고 있습니다. 시청자가 무엇을 구분해서 봐야 하는지 명확한 프레임으로 제시하는 것이죠.

이러한 분명한 기준이 있다면 시청자가 도표를 보면서 해석하는 데

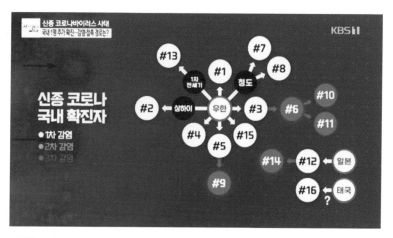

• 출처: KBS

많은 시간을 허비할 필요가 없습니다. 차트나 도표를 만드는 이유가 보는 사람이 직관적으로 맥락을 파악하는 데 있기 때문에 최대한 간단해야 한다는 점을 잊어서는 안 됩니다.

2개 이상의 내용을 비교할 때도 많이 활용됩니다. 뉴스에서는 2개 이상의 개념에 대해 각각의 중요한 속성을 추린 다음 나란히 나열해 쉽게 비교할 수 있게 보여줍니다. 아래 기사에서는 사람들이 잘 구분하지 못하는 건망증과 치매 증상이 어떻게 다른지를 중요한 특징으로 나눠 설명하고 있습니다.

기업에서 흔히 저지르는 실수 중 하나로, 2개 이상의 상품이나 고객, 기간 등을 구분할 때 차이가 없거나 중요하지 않는 항목으로 비교하는 것은 쓸모가 없습니다. 보는 사람이 단번에 파악할 수 있도록 중요한 특

건망증	치매
● 스트레스, 노화로 인한 생리적 현상	● 알츠하이머병, 혈관성 치매 등 뇌 질환
● 기억력 감퇴를 스스로 인식	● 기억력 감퇴를 인식 못함
● 힌트를 주면 기억해 냄	● 힌트를 줘도 기억하지 못함
● 일상생활에 지장이 없음	● 일상생활에 지장이 있고 간호가 필요

• 출처: YTN

징 구분과 쉬운 사례를 토대로 비교하는 것이 좋습니다.

하나의 주제를 놓고 여러 개를 비교할 때 중요한 것은 전체에서 대상이 차지하는 의미를 해석하는 것입니다. 이런 비교분석은 회사가 시장 성장에 비해 부족하거나 충분한지, 어느 집단 가운데 특별히 상위나 하위를 차지하고 있는지 등 현재 상황을 객관적으로 알게 합니다.

뉴스에서 우리나라 아동의 삶의 만족도가 OECD 국가 중 최하위라는 소식을 접한 적이 있습니다. 수많은 OCDE 국가 중 아동의 삶의 만족도가 높은 상위 3곳의 이름과 결과, 우리나라 이름과 결과를 나란히 그래프로 나타내서 보는 순간 사태의 심각성을 파악할 수 있었습니다. 또한 우리나라를 나타낸 그래프만 다른 색을 사용해 수치가 직관적으로 읽혔습니다.

이 기사에서 OECD 전체 국가를 다 나열하지 않은 것은 가공되지 않은 로데이터raw-data가 아닌 중요한 것만 선별해서 보여주는 리포트이기 때문입니다. 최대한 많은 정보를 제공하는 것도 중요하지만 제한된 시간에 TV를 시청하는 사람이 핵심 내용을 놓치지 않도록 '큐레이션Curation' 하는 정보도 중요한 미덕임을 잊지 않은 것입니다.

몇 개의 뉴스 사례만 봐도 알 수 있듯이 보고서도 강조할 것과 대조할 것을 구분한 다음 그래프나 도표, 배치와 컬러를 활용해 눈에 잘 보이게 구성하는 것이 기본입니다. 도식화에 자신이 없는 사람이라면 TV 뉴스를 자주 보면서 방송사가 어떤 의도를 숨겨두고 내용을 정리했고 어떤 상황에서 그래프와 인포그래픽을 썼는지 분석해보시기 바랍니다. 스스로 파악해가는 과정이 재미이자 좋은 학습이 될 것입니다.

- 색채: 배경 컬러와 강조하는 컬러를 어떻게 구분해 썼는가?
- 그래프 종류: 어떻게 심플하면서 주제가 잘 드러나게 그래프로 표현했는가?
- 대조군 정의: 비교 대상이 전체의 평균인가, 다른 대상인가? 절댓값으로 비교하는가, 비율로 하는가?
- GIS 자료: 지리적인 정보를 함께 담을 때 어떤 범위에서 어떤 그래픽을 참고하는가?

저는 뉴스를 볼 때 이런 부분을 중점적으로 봅니다. 뉴스를 많이 본 다음 보고서를 만들면 생각이 깔끔하게 정리된 것을 확인할 수 있습니다.

| 헤드 텍스트를 쓰는 훈련이 된다 |

보고서는 대부분 헤드 텍스트Head text와 근거가 되는 차트, 도표, 사례로 구성되어 있습니다. 이 페이지에서 꼭 하고자 하는 말을 헤드 텍스트에 비교적 짧은 문장으로 압축하고, 주장에 당위성을 부여하기 위해 분석 자료를 아래에 상술하는 것이 일반적입니다.

여기서 중요한 것은 말하고자 하는 내용입니다. 그것이 헤드 텍스트죠. 아무리 화려한 차트를 쓰고 템플릿을 세련되게 꾸며도 말하고자 하는 헤드 텍스트가 뚜렷하지 않으면 이 보고서는 가치 없는 것이 됩니다.

아마존에서는 보고서를 저널 형식으로 씁니다. 보통 몇 페이지에 달하는 보고서는 도식화나 사진, 차트 하나 없이 오로지 주장하는 바와 근거만 문장으로 이뤄져 있습니다. 글쓰기 능력이 없으면 엄두가 안 날 일입니다. 하지만 이 방식으로 아마존은 불필요한 보고서 작성 시간을 줄이고 핵심만 논의하는 결과를 얻었습니다. 국내의 많은 대기업에서 PPT를 띄워놓고 도형부터 색상, 폰트까지 토론하느라 상당한 에너지를 보내는 것과 사뭇 다른 모습입니다.

그렇다면 어떻게 해야 눈에 잘 띄면서 잘 정리된 좋은 문장을 쓸 수 있을까요?

1. 제목에서 내용이 한눈에 보여야 한다

대부분의 직장인이 보고서의 타이틀, 소주제에 타이틀을 붙이는 일을 힘들어합니다. 최대한 불필요한 수식어 없이 명료한 단어로 팩트만 담아 제목을 짓는 것은 언제나 어려운 일입니다. 내용에 따라서 또는 보고받는 사람에 따라서 구조적인 내용이 제목이 되기도 하고 주장이 제목이 되기도 하며 다소 부드러운 제목이 되기도 합니다.

제목의 기본은 불필요한 미사여구 없이 강조할 주제 단어를 제시하는 것입니다. 제목은 현상을 요약하고 읽는 사람이 어떤 행동을 대안으로 취할 수 있는지 제시하는 역할을 합니다.

1. 중국발 미세먼지 공습 '주의'
2. 줄기세포로 세계 첫 '인공 뇌' 개발

위 문장은 뉴스 헤드라인입니다. 제목의 기본을 충실하게 나타낸 사례입니다. 1번 제목을 보면 현재 상황에서 가장 중요한 원인이 무엇이며 보는 사람이 어떤 행동을 취해야 하는지를 아주 짧은 문장에 모두 담았습니다. 보고서에서도 현상의 핵심 원인과 대응 방법을 간명하게 요약한 제목이 좋은 제목이라고 할 수 있습니다.

또한 제목만 읽고도 내용이 어떤 가치를 지니고 있는지 알 수 있어야 합니다. 2번 제목에서 가장 중요한 것은 세계 최초의 성과입니다. 이 가치는 다른 것과 대체할 수 없는 수식어로 완성됩니다. 내용이 훌륭해도 보고서 제목이 너무 무난해서 그 가치가 제대로 드러나지 않는 경우가 있습니다. 감정적이고 증거 없는 형용사와 수사로 얼룩진 제목은 분명 지양해야 하지만, 팩트로 알려야 할 내용은 과감하게 수식어로 다뤄 가장 중요한 내용이 저평가되지 않도록 강조해야 합니다.

제목에서 가장 중요한 점은 제목을 통해 내용의 핵심 주제가 읽혀야 한다는 것입니다. 비싼 가격을 강조해야 하는 주제라면 단순히 'OOO가 더 비싸다'라는 표현보다는 'OOO가 선진국 대비 5배 비싸다' 또는 'OOO가 역대 최고가를 갱신했다'는 식으로 형용사를 빼고 내용의 가치를 부각하는 데이터를 함께 활용하는 것이 좋습니다.

2. 고유명사를 써라

헤드 텍스트는 구체적이고 뾰족할수록 훨씬 좋은 평가를 받습니다. 그래서 보고서의 결론은 '고유명사'가 있어야 합니다. 구체적인 대상을 지칭하지 않으면 인사이트가 없고 실행할 수 없는 보고서가 될 수 있습니다. 보고서가 문제를 진단해서 핵심 원인과 대안을 찾고 실행하는 방법에 대해 탐구하는 것이 일반적인 흐름이라면 각 과정마다 고유명사로 핵심적인 내용이 다뤄져야 합니다.

예를 들어 '4분기 매출 악화의 원인은 가전 분야의 부진이었습니다'보다 '4분기 매출 악화의 원인은 가전, 그중에서도 청소기 OOO 모델의 부진이었습니다'라고 하는 것이 바람직합니다. 보다 정확히 문제를 인식하게 만들고, 구체적인 대안까지 지시하기 때문입니다.

사실 대부분의 회사에서 이런 부분은 민감한 사안이라 직접적으로 드러내지 않으려 합니다. 하지만 실무진 입장에서는 고유명사로 설명해야 이해가 빠르고 전사적으로도 빠른 행동이 가능합니다. 구체적인 결론이 나야 일을 진척한 기간의 성과가 온전히 드러나고 이후 회사를 좋은 방향으로 바꾸는 일로 이어질 수 있습니다.

3. 핵심 숫자와 사례를 함께 표기하라

주장과 근거의 핵심은 숫자로 표현하는 것이 가장 효과적입니다. 일의 방향은 고유명사 등으로 표현이 가능하지만 구체적인 실행은 숫자로 표현하는 것이 이해가 빠릅니다. 또한 목표를 숫자로 설정하면 막무가내식 활동이나 단순히 구호에 그치는 일을 모두 막아줍니다.

예를 들어 '생산 라인의 리드타임을 현재 20분에서 크게 줄여야 한다'는 것보다 '생산 라인의 리드타임을 현재 20분에서 15분 수준으로 단축시켜야 한다'는 표현이 실제 변화를 이끌어냅니다. 그리고 15분의 근거가 되는 우수 사례나 기술적인 변화를 함께 언급한다면 실제로 성사될 확률이 높아집니다. 이 정도로 보고할 수 있다는 것은 생각 정리가 완벽하게 끝났음을 의미하기 때문입니다.

4. 원인이 있으면 반드시 대안을 쓴다

기획 초보자와 숙련자의 결정적 차이는 대안을 제시하는 능력에서 나옵니다. 문제와 원인만 잔뜩 나열하는 보고서는 기업에서 그리 필요하지 않습니다. 기업에서는 대안을 가지고 발전시키며 바꿔나가는 것이 가장 중요하죠.

보고하는 사람은 반드시 1개 이상의 대안, 경우에 따라 몇 개의 대안을 준비하고 그것의 기대효과와 근거, 필요한 역량에 대해 구체적으로 서술하는 것이 좋습니다. 그리고 보고할 때 보고자의 의사 개진이 반드시 필요합니다. 그렇지 않다면 다른 사람이 내 밥그릇을 가져가는 모습을 보게 될 수 있습니다.

5. 구체적인 실행 방법을 쓴다

보고서의 대안은 구체적으로 실행이 가능한 형태여야 합니다. 대안의 아웃라인을 보여주는 것이죠. 아웃풋을 이미지로 보여주거나 누가, 언제, 얼마나 등 육하원칙에 따라 실제로 실행 가능한 스케줄을 언급해야 합니다. 그리고 대안에 대한 지불 비용을 반드시 언급해야 합니다. 비용 설계가 있어야 실체를 가지고 움직이고, 보고 후 다른 소리가 내부에서 나오지 않습니다. 대안이 구체적이지 않으면 애써 쓴 보고서여도 무의미한 종이 취급을 받기 쉽습니다.

6. 출처를 반드시 표기하라

근거의 데이터, 출처를 표기하는 것은 보고서든 기획서든 어떤 문서든 기본입니다. 하지만 많은 직장인들이 실수를 하죠. 특히 숫자나 사례는 반드시 원문을 확인할 수 있도록 출처를 표기해야 합니다.

자료를 찾다 보면 출처가 신뢰할 수 있는 곳인지 아닌지를 비교하게 되는데, 가능하면 공신력 있는 기관이나 단체, 권위를 인정받은 곳의 데이터를 활용하는 것이 보고서에 힘을 실어줍니다. 그리고 작성하는 사람 스스로도 제대로 된 합리적인 주장인지 검증할 수 있습니다.

권위를 인용한다는 것은 주장에 대한 신뢰를 극대화하는 일입니다. 자칫 '뇌피셜'에 그치는 보고가 되지 않기 위해 뉴스에서 인용하는 사례를 잘 살펴볼 필요가 있습니다. 짧은 영상 매체에서 전문적인 설명은 이해도를 떨어뜨리기 때문에 인용한 내용보다 인용 출처를 중심으로 살펴보는 게 좋습니다.

7. 주석으로 읽는 사람을 배려하라

뉴스에서는 전문적이거나 낯선 용어가 나오면 단어를 정의하는 별도 화면을 구성하기도 하는데, 업무에서도 새로운 기술 용어들은 별도로 정리할 필요가 있습니다. 단위 표기나 주석을 넣는 것에도 인색해서는 안 됩니다. 다만 이런 표기가 본문을 가리거나 본문보다 더 눈에 잘 보이면 문제가 되겠죠.

길이나 무게, 부피, 압력 등 수치를 나타내는 단위 중에서 우리가 일상적으로 많이 쓰는 것은 모두가 알 거라고 생각하고 표기하지 않는 경우가 있는데, 반드시 모든 숫자는 단위가 다 기입되어야 합니다. 통화의 '원'이나 사람의 '명' 등도 많이 실수하는 단위입니다. 성장률과 증감률도 많이 혼동하는데, 성장률이 증가하는 비중이 %인지 pp인지 구분해서 사용해야 실수를 막을 수 있습니다.

또한 본문과 연관된 예외사항이나 주의할 점은 반드시 주석으로 설명해야 합니다. 작은 부분 하나로 나머지 부분들이 신뢰를 잃게 되는 경우가 많기 때문입니다. 보고서를 쓸 때는 읽는 사람이 이 내용에 대해 잘 모를뿐더러 기본적으로 신뢰하지 않는 입장이라는 전제를 가정하는 것이 좋습니다. 그러면 자연스럽게 읽는 사람에 대한 배려가 되는 장치를 추가하게 되고, 좋은 보고서를 만드는 데 도움이 됩니다.

| 보고서 구성을 참고하는 기준이 된다 |

앞에서 말씀드린 내용은 보고서에서 아주 기본적인 기술입니다. 그보다 더 중요한 것이 보고서의 '구성'입니다. 깔끔하게 잘 만든 보고서라도 전체가 연결되지 않으면 주제를 제대로 전달하는 것이 불가능합니다.

회사생활을 처음 시작하는 직장인들이 이 부분에서 가장 많은 실수를 하곤 합니다. 하나의 문장, 하나의 도표를 꾸미는 데 너무 많은 에너지를 쓰다 보니 내용의 맥락이나 숫자가 맞지 않는 등의 실수로 보고서의 품질을 떨어뜨립니다.

1. 페이지는 읽는 사람의 생각 순서로 정리한다

뉴스는 결론이 먼저 나오고 그다음 결론의 배경을 설명하거나 사건의 순서, 각계 전문가의 견해를 담는 두괄식으로 구성되어 있습니다. 아나운서가 주제를 요약해 설명할 때 어떤 내용들이 담기는지, 주제를 설명하는 내용에서 핵심 근거는 무엇이고, 어떤 권위를 내세우는지를 지켜봅니다.

그리고 기자가 첫 문장 이후 어떤 단락으로 이야기를 이어가는지를 보면 뉴스는 하나의 짧은 브리핑과 다를 바 없습니다. 벤처캐피털에서 하는 '엘리베이터 테스트(엘리베이터를 타고 내리기 전까지 핵심 내용만 말하는 방식)' 같이 짧은 시간에 일의 핵심을 이야기해야 하는 기획자들이 뉴스에서 꼭 배워야 할 부분입니다.

보고서에서도 가장 중요한 것 중 하나는 페이지 순서입니다. 두괄식으로 결론을 앞에 쓰는 것은 어디서나 공통입니다. 다만 결론 이후의 페이지 구성이 문제입니다. 이후 페이지 구성은 처음 이 분야를 접하는 사람이 알아야 하는 배경부터 현상과 원인, 다시 결론으로 이어지는 자연스러운 흐름을 취하는 것이 좋습니다.

보통은 1-1, 1-2 식으로 페이지의 넘버링이나 타이틀에 신경을 많이 쓰는데, 페이지는 읽는 사람의 '생각 흐름'에 맞추는 게 가장 기본적이고 중요합니다. 이런 관점에서 보면 필요 없는 페이지가 많이 나옵니다. 읽는 사람의 흐름을 방해하거나 전체 맥락에 영향이 없는 페이지가 발견되는데 그런 것을 빼면 됩니다.

보고서를 간명하게 만들면 만든 사람과 읽는 사람의 시간을 효율적으로 아낄 수 있습니다. 배경 설명이 중요한 보고서라면 구두의 형태로 풀어내는 것이 더욱 효과적입니다.

그리고 보고서 마무리도 도입부만큼이나 중요합니다. 단순히 현상을 정리한 것에 불과하다면 긴 시간을 할애해 건설적이지 않은 커뮤니케이션을 한 셈입니다.

뉴스도 주제를 던진 다음 하나씩 근거를 들면서 현 상태에서의 문제점을 지적한 후 대안이나 다음 플랜에 대한 의견을 마지막에 포함시킵니다. 때로는 주제에 대한 여론이 정립되지 않거나 가치 판단의 문제가 존재한다면 반대 의견을 드는 것으로 마무리하기도 합니다.

보고서에서 이런 구성을 생각해볼 필요가 있습니다. 보고를 통해 다음으로 이어질 액션과 유의해야 할 부분을 정리할 수 있습니다. 좋은 보고서란 '이후에 무엇을 하겠다'는 핵심이 정리된 상태에서 그것을 위한 보고 내용을 앞에서부터 모색하는 것이라 할 수 있습니다.

2. 한 페이지에 하나의 주장과 근거를 담는다

한 페이지에 하나의 메시지만 쓰는 것이 좋다는 이야기는 이미 알고 있을 겁니다. 보통 한 페이지의 구성은 타이틀, 핵심적인 주장, 근거순으로 이뤄집니다. 근거 없는 주장은 소용이 없습니다. 대부분의 프로젝트 기간에는 주장을 뒷받침하는 근거를 잡는 데 많은 시간을 쓰게 되어 있습니다. 가장 효과적인 내용을 형상화해서 근거로 표현하는 것이 페이지 하나를 완성하는 핵심입니다.

근거는 조직도, 순서도 같은 도면 형식부터 사례와 비교, 현재와 미래의 변화, 원인이나 카테고리 분석 등 다양한 형식을 취할 수 있습니다. 근거를 구성하는 핵심은 주장하는 숫자와 고유명사가 근거를 통해 설명될 수 있느냐는 것입니다.

페이지를 구성하면서 논의가 발전될 수 있는데 그런 내용은 반드시 다음 페이지에 오도록 합니다. 한 페이지에서 화살표로 시계열적인 다음 주제를 던지거나 세부적인 내용을 다루면 핵심 내용을 흐리게 됩니다.

3. 핵심만 보이도록 한다

페이지 구성이 끝나면 처음으로 돌아가 전체를 검토해야 합니다. 읽는 사람의 입장에서 가장 먼저 눈에 들어오는 것이 무엇인지 알기 위해서입니다. 화려한 컬러로 덧칠한 레이아웃 때문에 주장하고자 하는 내용이 가려진다면 짧은 시간 안에 핵심적인 메시지를 전달하려는 보고서의 본래의 취지를 잃어버린 것입니다. 이런 껍데기는 없는 게 더 낫습니다.

전체적으로 컬러는 2~3개로 정리하는 것이 좋습니다. 사실 1개로도 충분합니다. 컬러뿐 아니라 폰트나 글자 크기로 얼마든지 주목받는 문장을 만들 수 있습니다. 이런 수고는 디자인에 비해 만드는 시간이 짧지만 고민은 더 필요한 부분입니다.

문장은 주어와 술어의 간격이 멀지 않고 주술관계의 구조가 단순한 게 좋습니다. 그러면 문장이 자연스레 짧아지게 됩니다. 굳이 만연체로 쓸 필요가 없어지죠. 사례를 문장에 마구 집어넣는 것은 그것을 관통하는 공통적인 성질에 대한 이해가 덜 되었다는 반증입니다. 사고가 정리되면 글이 길게 늘어지지 않습니다.

　회사는 여러 국가처럼 저마다 문화가 있습니다. 그래서 보고서는 그 집단의 영향을 받는 것이 당연합니다. 현재 조직에서 만들어지고 읽히는 보고서에 앞에서 소개한 원칙들을 대입해보면 논문이나 뉴스 기사와 구성이 매우 닮았다는 것을 알 수 있습니다.

　어느 문서, 어느 일에서나 가장 중요한 점은 말하고자 하는 내용 그 자체입니다. 이것은 스킬만으로는 해결되지 않습니다. 오직 생각하는 것에 달려 있으니까요. 어떻게 해야 내가 주장하는 아젠다를 실행하게끔 만드느냐를 생각해야 합니다.

> **오늘의 숙제**
> 1. 최근에 만든 PPT나 엑셀을 열어서 이 장에서 설명한 부분이 잘 반영되어 있는지 확인해봅시다.
> 2. 평소 보고서 작성할 때 무엇을 참고하나요? 없다면 참고가 될 만한 기준을 찾아봅시다.

틀리고 맞는 가름이란 없다. 분별의 차이일 뿐이다.

19

누구보다 빠르게
일을 추진하는 방법

회사에서 야근을 가장 많이 하는 부서를 꼽을 때마다 '기획'이 들어간 부서가 포함됩니다. 상품기획, 전략기획, 재무기획, 마케팅기획… 물론 기획보다 더 야근하는 부서도 있습니다. 하지만 기본적으로 기획하는 부서는 일의 본질이 야근을 부르는 경우가 많습니다. 아직 벌어지지 않은 일, 누구도 정답을 모르는 가설을 모색하는 것은 일이 실현될 때까지 계속될 수밖에 없기 때문입니다.

특히 기획이 끝이 없는 일인 이유는 작게는 팀장부터 실장, 크게는 경영진과의 합의가 기획의 아젠다를 바꿀 수 있기 때문입니다. 실적이 실시간으로 확인되는 일이라면 실적으로만 평가받을 수 있겠지만 기획은 실현될 때까지 필연적으로 경영진 또는 주주의 입김이 많이 작용할 수밖에 없습니다.

기획자에게도 퇴근이 필요합니다. 누구나 하는 평범한 삶 같은 퇴근

말이죠. 경험적으로 이런 문제는 기획 업무의 핵심 고객을 나눔으로써 해결할 수 있다고 생각합니다. 기획 단계에서 어디에 해당하는지에 따라 기획자가 만든 기획안을 접수받는 고객이 달라집니다.

| 업무 효율을 높이기 위한 기획자의 디테일 |

전략의 태동은 항상 경영진 같은 윗선에서 출발합니다. 물론 전략기획 부서에서 스스로 창출하는 경우도 있습니다. 전략의 실행은 실무자들에게 환영받아야 잘됩니다. 공감대 형성이 중요하죠. 이런 경우에는 디테일까지 소통할 수 있어야 합니다.

조직의 구조상 아젠다 수립의 배경이 되는 내용을 실제로 일하는 사람까지 제대로 전달하는 것은 어려운 일입니다. 그래서 '말 전달하기 놀이'처럼 의도와 전혀 다른 결과가 나오기도 하죠. 소통해야 할 디테일은 이런 배경 정보를 하나로 잇는 것입니다.

일의 추진 배경

일을 제대로 빠르게 진행하려면 누가 왜 이 일을 만들었는지 실무자에게 설명해야 합니다. 최대한 아는 내용을 모두 공유해야 의도에 맞는 업무 추진이 가능합니다. 신규 사업 부진으로 새로운 먹거리를 만들기 위해 추진하는 일인지, 재무 상황이 좋지 않아 비용 절감을 위해 이번 프로젝트의 결과가 필요하다든지, 또는 전사적으로 포트폴리오 조정이 필요하다든지 하는 식으로 회사 내부의 니즈에 대한 설명이 필요합니다.

같은 제목의 일이라도 어디에 주안점을 두고 있느냐에 따라 결과는 전혀 다른 방향을 가리킬 수 있습니다. 그래서 결과를 정해놓고 일해야만 일을 만든 사람이나 하는 사람이나 서로 만족하면서 빨리 일을 끝낼 수 있죠.

우선순위

회사에는 일을 시키는 사람이 많습니다. 일의 우선순위를 정해야 하는 이유입니다. 사장님이 시키는 일과 부장님이 시킨 일은 우선순위가 다릅니다. 업무에 대한 디테일을 이야기할 때 누구의 지시인지 알릴 필요가 있습니다. 지원되는 예산이나 실제 실행 여부 등도 여기에 달려 있습니다. 처음부터 아웃라인을 그리고 정말로 될 일인지, 전사적 차원에서 지원이 되는지, 일이 끝나면 적절히 보상이 따르는지의 여부는 사람을 움직이는 동력이 됩니다.

결과의 형태

같은 제목의 프로젝트라도 결과의 형태가 중요합니다. 단순히 제안은 보고서나 프레젠테이션 수준으로 끝나지만 프로토타입을 만들어야 하는 경우도 있습니다. 어느 수준의 결과물이 필요한지에 대한 정보는 실무자들이 일정과 다퉈야 하는 상황에서 유용한 정보입니다. 보고서라고 해도 길이는 어느 수준이며 보는 사람에 따라 만들어지는 내용이 달라지므로 아는 정보를 실무자와 모두 공유할 필요가 있습니다.

가시화된 성과

일은 일로 끝나지 않습니다. 일을 통한 결과, 숫자로 말할 수 있는 성과가 항상 뒤따릅니다. 성과에 따라 평가되고 다음 비즈니스 스텝을 정할 수 있기 때문이죠. 향후 어떤 크기의 성과로 이야기되는 내용인지 구체적인 KPI가 있다면 결과물을 만드는 방향을 도와줄 수 있습니다. 매출이 타깃인지, 이익이 타깃인지에 따라 상황이 달라지므로 아젠다의 성과를 초반에 공유하는 게 좋습니다.

이러한 흐름을 알면 기획은 무조건 밤새는 일이 아닙니다. '어디까지 하면 되겠다'라는 나름의 선이 있다면 더하거나 덜 하거나의 큰 차이가 없기 때문입니다. 하지만 안 해본 일이라서 또는 지나친 의욕으로 일을 끝없이 하는 사람도 있습니다. 그러다가 "유레카!"를 외치게 될 수도 있지만 대부분은 뻔한 흐름이 뻔한 결론을 낳는 경우가 많기에 실제적으로 이런 야근은 큰 도움이 되지 않습니다. 오히려 하나의 일을 제대로 끝까지 마무리하는 게 더 중요합니다.

전략 방향을 설정하는 것은 100%의 일이 될 수 없습니다. 우선 결과 예측이 어렵고 주관적일 수밖에 없기 때문에 자료 수집과 논리적 전개가 충분히 되면 거기서 더하거나 덜하거나 그다음부터는 보고서에 한 줄을 긋는 수준입니다. 그럴 때는 일의 진행을 접고 얼른 보고하는 편이 좋습니다.

전략 방향은 실무자에게는 관심 밖의 일입니다. 지금 하는 일만 해도 바쁘기에 미래를 많이 고민하지는 못합니다. 오히려 이것은 경영진의 업무입니다. 기획자는 멍석을 놓는 역할을 합니다. 본격적으로 소스를 만드는 것이죠.

초안을 만들면 경영진의 직관과 기획자의 데이터가 조율하는 시간을 필연적으로 갖게 됩니다. 경영자의 능력이 여기서 중요한 역할을 하는 것은 말할 필요가 없습니다. 이런 일의 속성 때문에 기획안은 100%일 수가 없습니다. 그렇기에 이 일에 너무 많은 에너지를 쏟을 필요가 없습니다. 오히려 본격적인 라운드는 경영진과 질의하는 식으로 합의를 맞춰가는 데 있습니다.

여기서 중요한 것은 경영진도 미래를 모른다는 점입니다. 그렇기에 모두가 기획안에서 바라는 것은 '안심'할 수 있는 무언가를 발견하는 것으로 귀결됩니다. 보고서에서 마음의 안정을 찾는 것이죠.

보통은 권위를 인정받은 기관이나 컨설팅 회사, 구루가 말한 전략적 방향이나 보고서가 이를 대신해주는 경우가 많습니다. 선도 기업의 기술이나 정책, 관련 출신의 인사 영입 등이 이 역할을 보완합니다. 그렇기에 기획자는 이것을 미리 기획안에 준비해야 합니다. 전략적 방향이 아무리 신선하고 탁월해도 근거가 안심되지 않는다면 이 보고서는 자신의 생각으로 그칠 가능성이 높기 때문이죠.

그래서 기획자가 해외 리서치를 잘해야 한다는 것도 무리한 논리는 아닙니다. 안심할 근거를 여기저기서 찾아와야 하니까요. 이런 자료도 미리 준비하면 좋지만 이것 역시 끝이 있을 수 없는 일입니다. 아젠다에 대해 핵심적인 1~2개 자료면 됩니다. 3개 이상부터는 단순히 글자일 뿐 중요하게 읽는 사람은 드뭅니다.

대부분의 기업에서 중장기 사업 계획을 세웁니다. 당장 3개월 뒤의 시장 변화도 희미한 상황에서 10년 뒤의 사업 추세와 근거를 정량적으로 만들라니 요즘 같은 상황에서는 웃긴 이야기로 들리긴 합니다.

보통 연구기획팀에서는 거의 공상소설에 가까운 계획서를 적어냅니다. 이 역시 기업이 원하는 '안심' 장치입니다. 이런 자료 작성에 많은 시간을 할애할 필요가 없습니다. 그저 안심할 수 있는 핵심적인 근거를 몇 개 찾는 것이 디테일로 밤을 지새우는 것보다 훨씬 조직과 자신에게 효과적입니다. 그 정도면 충분합니다.

| 실행은 실무자의 100% 동의가 필요하다 |

기획안이 전략적 아젠다 수립에 80% 정도의 힘을 쏟고 나머지 20%를 맞춰나가는 것이라면, 전략의 실행은 바뀐 고객을 대상으로 같은 조건이 성립합니다. 이번에는 그것을 실행할 실무진이죠. 전략적으로 큰 방향이 정해지면 구체적인 이니셔티브가 정리됩니다.

중요한 것은 이것 역시 기획자가 다할 수 없다는 사실이죠. 실제로 일이 진행되기 위해 필요한 디테일과 선결 조건들이 현장에 수두룩합니다. 이런 것을 모두 알 수 없는 기획자는 전략 방향을 토대로 핵심적인 의도와 키워드를 가지고 실무진을 만나야 합니다.

퇴근이 가능한 수준의 일은 실무자의 100% 공감대를 형성합니다. 사실 모두가 공감하지는 않습니다. 그런 신흥 종교는 세상에 없습니다. 다만 조직에서 사업에 진정성이 있는 핵심적인 사람들은 100% 공감해야 합니다.

전략 방향을 도출하는 아젠다 수립과 달리 실행안은 구체적인 결과물이 있어야 합니다. 답이 나와야 하죠. 여기서 더 나아가 실행 방안은 누구나 끝을 예측할 수 있으며 결과물의 형태가 가시성이 있어야 합니다. 따라서 실무진과의 타이트한 논의가 계속됩니다. "위에서 시키니까 그냥 해"가 아니라 여기서부터 본 게임이 시작되는 것이죠. 전략적 아젠다를 느슨하게 짜서 이런 일이 생기는 것은 아닙니다. 원래 실행 방안은 아젠다와 다른 종류의 내용이라는 것이죠.

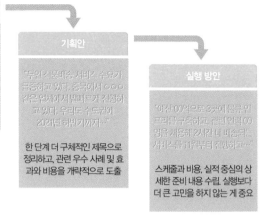

아젠다

"코로나 사태 이후 언택트(un-tact) 시대에 맞는 새로운 고객 서비스 전략이 필요하다"

시장의 변화와 회사 포트폴리오 비교를 통한 전략 방향 도출

기획안

"무인 식품배송 서비스 수요가 급증하고 있다. 중국에서 ㅇㅇㅇ 같은 업체에서 발빠르게 진행하고 있다. 우리도 수도권에 2021년 하반기까지…"

한 단계 더 구체적인 제목으로 정리하고, 관련 우수 사례 및 효과와 비용을 개략적으로 도출

실행 방안

"예산 00억으로 3곳에 물류 인프라를 구축하고 관련 인력 00명을 채용해 2시간 내 배송되는 서비스를 11월부터 진행하고…"

스케줄과 비용, 실적 중심의 상세한 준비 내용 수립. 실행보다 더 큰 고민을 하지 않는 게 중요

기획자의 퇴근은 실무자의 공감 이후에 이뤄집니다. 실무자의 공감은 '빼도 박도 못하게 만든다'라는 것을 전제하고 있습니다. 한 번 시작된 실무진의 프로젝트 진행은 돌이킬 수 없기에 실행에 대한 기획은 시작 단계에 많은 시간이 걸리더라도 90%를 그리고 출발하는 게 좋습니다.

보통 회사에서 시간이 없고 바쁘다는 이유로 지나치기 쉬운 세부 가설 정의나 스케줄 수립을 느슨하게 해서는 안 된다는 말입니다. 성과의 형태와 질을 상당히 바꾸기 때문입니다. 그렇다고 실무자가 마냥 자진해서 이 일을 기쁜 마음으로 할 수도 없는 노릇입니다.

아젠다의 영역과 실행 방안의 영역 사이에 아슬아슬한 경계가 있죠. 이것은 아젠다에서 정의돼야 합니다. 아젠다의 범위에서만 실무자는 논제를 가지고 이야기할 수 있는 것이죠. 모든 구성원이 시작부터 아젠다를 정하면 좋겠지만 그런 회사는 스타트업 외에는 기대할 수 없습니다. 의사결정 과정에서 비효율적인 면이 많기 때문입니다.

실행 방안이 스케줄까지 정리되면 기획자가 할 큰일은 넘어간 것입니다. 기획자가 PI가 되어 끝까지 프로젝트를 보거나 모니터링하는 식으로 역할이 재정의됩니다. 이런 경우에는 캐주얼한 스킨십으로 일이 진행되는 데 필요한 부분을 확인하고 채워주면 됩니다.

**오늘의
숙제**

1. 빠른 업무 추진을 위한 4가지 디테일 중에서 나에게 부족하거나 보완할 점이 있습니까?
2. 매번 완벽한 기획서를 쓰기 위해 야근하고 있다면, 어떻게 내 시간과 행동을 효율적으로 변화시킬 수 있을지 생각해보세요.

20

탁월한 기획자는
어떻게 학습하는가

페이스북 같은 SNS를 돌아다니다 보면 기획과 관련된 강의가 많아졌
다는 것을 알 수 있습니다. 전략 스킬부터 M&A 실무 특강, 데이터를 마
케팅과 기획적인 측면에서 다루는 강의까지 다양합니다. 타 직무와 비교
해볼 때도 기획 관련된 강의의 양은 상당히 많습니다. 기획이라는 이름
아래에 얼마나 다양한 성격의 업무가 있는지를 보여주는 방증이기도 합
니다.

기획 일을 하다 보면 '과연 다른 회사에서도 이렇게 하고 있을까?' 하
는 막연한 의문이 들 때가 많습니다. 특히 다양한 스킬셋skill-set을 써야
하기 때문에 이런 방식이 업계의 표준인지 확인하고 싶어집니다. 이런
의문이 회사에 대한 의심으로 변하는 순간 이직이나 대학원 진학의 길
이 시작됩니다.

"내가 하는 일을 다른 데서도 쓸 수 있을까요?"

후배들에게 이런 질문을 자주 받습니다. 회사가 잘될 때는 자신감이 넘쳐서 관심도 없지만 사업이 정체되거나 하락세에 접어들면 곧장 이직을 떠올리며 걱정하게 됩니다. 그래서 기획 강의를 보면 대부분이 스킬에 관한 내용입니다. 밸류에이션부터 데이터를 다루는 방법까지 생소한 용어와 이론은 상상력을 더해 전문적으로 보이고 이것을 배우면 달라질 수 있다는 동경을 갖게끔 합니다.

사실 지금까지 스킬셋에 대해 제대로 알려주는 데가 없었습니다. 대학에서 배우는 여러 이론은 이해만 할 뿐 실제로 적용하기도 전에 기억에서 휘발됩니다. 당장 내일 쓸 게 아닌 다음에야 누가 그 배경을 전부 이해하면서 스킬셋을 체득화할 수 있겠습니까? 회사에 입사해서도 상황은 크게 달라지지 않습니다. 짧은 교육 후 실무에 투입되면 아무것도 모르는 상태에서 결과물을 만들어내야 합니다.

회사의 상대평가 시스템은 서로 가르쳐주거나 협업하는 시간을 사라지게 만들었습니다. 높은 업무 강도도 이런 문제를 부추겼죠. 결국 성장은 이런 조직에서 살아남은 사람들이 귀납적으로 경험을 통해 체득할 수밖에 없습니다. 이런 배경이 있기에 회사 밖에서 기획 강좌를 찾는 것이 당연합니다.

많은 기획 강좌들이 홍보하는 것처럼 '기술=전문성'이 맞을까요? 전문성에 대한 샐러리맨들의 태생적 갈증은 기술이 주목적인 학습으로 이끌고 있습니다. 알고 보면 별것 아닌 로직이나 프로그램 다루는 방법뿐인데 말이죠. 정작 기획자가 배워야 할 것은 데이터와 현상을 연결하는 논리적 사고입니다. 이것이 좋은 기획자와 가짜 기획자의 차이입니다.

기획자의 가장 큰 능력 중 하나는 전 영역의 데이터를 통해 유의미한 추론을 할 수 있다는 점입니다. 데이터는 발생 지점이 최종 고객인지의 여부에 따라 회사 내부, 회사 외부, 고객 기준의 데이터로 구분할 수 있습니다.

회사 내부의 데이터는 제품 설계부터 판매 이후까지 단계별로 각각 존재합니다. 일반적으로 그중에서 서비스와 상품의 최소 단위 분석이나 판매 채널에 대한 수익성 데이터를 많이 갖고 있습니다. 내부 데이터는 벌어진 일에 대한 정보로써 사후적이므로 미래를 예측하는 데는 도움이 되지 않습니다. 다만 회사 프로세스의 효율성을 진단하고 전체적인 비즈니스 모델의 수익성을 조정하는 데 중요한 역할을 합니다.

이런 작업을 하기 위해서는 제품과 서비스가 설계되는 단계부터 마지막 고객의 손에 전달된 후 사후 조치까지 모든 과정을 알고 있어야 합니다. 여기서 안다는 말은 각 단계별로 성과를 정의하는 KPI를 안다는 뜻입니다.

전체적으로 비즈니스 프로세스를 움직이는 상위의 철학, 기업의 전략과 아젠다를 파악하고 있어야 합니다. 같은 업을 영위하는 기업이라도 추구하는 포지셔닝에 따라 운영 방법과 프로세스가 다르고, 지향하는 KPI가 다릅니다. 달라야 하는 게 정상입니다.

처음부터 데이터의 뜻을 완전히 이해할 수는 없습니다. 매출이나 이익 등 큰 단위의 데이터를 숙지한 후에 회사가 보유하고 있거나 가동 중인 자원의 상태를 알아야 합니다. 절대적인 자원의 양과 증감, 그것이 각각 어디에 투입되는지 사전에 데이터에서 파악하는 것이 중요합니다. 우선은 이해할 수 있는 데까지 노력하고 나머지는 현상을 보며 자연스럽게 깨닫게 될 것입니다.

현상을 이해하는 가장 좋은 방법은 실무자를 직접 만나는 것입니다. 실무자 중에서도 정치적인 입장이 덜한, 그래서 솔직하게 현재 회사에서 일어나고 있는 일을 사실 그대로 말해줄 수 있는 사람을 만나는 게 중요합니다.

덧붙여 회사 IT 시스템이 어떤 프로세스로 정리되어 있는지 아카이브를 함께 보면 도움이 됩니다. 처음 의도한 아카이브와 실제 일어난 프로세스의 문제를 발견하면 현재의 KPI를 어떻게 바꿔야 하는지 귀납적으로 알게 됩니다.

그러나 비즈니스 프로세스 문제에서 전체적인 전략 아젠다는 내부 데이터만으로 알 수 없습니다. 내부 데이터의 최선은 현재 플랫폼 위에서 개선하는 방법을 찾는 수준이죠. 이런 내용은 해당 산업에 대한 전문 잡지나 구글링을 통해서도 알 수 있습니다. 이는 관심의 문제입니다. 부분적으로 정리한 것을 하나의 큰 프로세스로 그려볼 수 있어야 합니다. 그리고 스스로 진단해야 합니다. 어떤 문제 때문에 전체 이익과 매출이 이정도로 한계를 짓고 있는지 설명할 수 있어야 합니다.

이처럼 기획을 시작할 때는 아래의 정보 소스들이 많은 도움이 됩니다. 특히 선도 기업이나 기관이나 연구소의 최신 정보를 실시간으로 살펴보는 것이 중요합니다. 기업이 매출 증대를 위해 겉으로는 마케팅이라는 이름의 퍼포먼스에 집중하는 것처럼 보이지만 실제적인 힘은 기술과 디자인에 달려 있습니다. 이것을 만들어내는 것이 선도적인 기업입니다.

1. 전문 잡지: 서점에 가면 잡지 코너 구석에 아저씨들이나 읽을 법한 고리타분한 업계 전문지가 있습니다. 여러 잡지를 비교해보고 최신 산업 동향을 잘 다룬 잡지를 정기구독하기를 권합니다(온라인에서 발행되는 전자 신문도 추천합니다).

2. 선도 기업의 SNS, 블로그, 웹사이트: 해당 기업의 SNS에 팔로우만 해도 어떤 사업을 준비하고 어디에 돈을 쓰는지 등 주요 정보를 쉽게 알 수 있습니다. 기업 웹사이트의 인사말이나 사업을 설명하는 IR자료도 도움이 됩니다.

3. 구글링: 해외에 우수 사례들이 많기 때문에 구글링을 통해 최신 정보를 얻을 수 있습니다. 구글링은 손품을 팔수록 고급 정보를 구할 수 있습니다.

고객 데이터와 현상을 비교하는 것은 매우 흥미로운 작업입니다. 비즈니스 프로세스와 함께 전략 아젠다를 알 수 있는 힌트가 많기 때문입니다. 고객 데이터와 현상을 매칭하기 위해서는 데이터에 대한 이해가 필요합니다. 회사가 어떤 고객에게 어떤 선택을 받고 어떤 흐름으로 바뀌고 있는지를 파악하는 것은 기획자의 기본입니다.

고객 데이터는 회사가 보유한 고객 정보에 따라 알 수 있는 영역이 다릅니다. 중요한 점은 이 중에서도 고객이 일으키는 매출과 향후 고객이 될 가능성이 있는 고객을 얼마나 많이 확보했느냐입니다. 회사에 고객 데이터를 분석하는 부서가 있다면 정기간행물이나 접촉을 통해 최신 내용을 업데이트하는 것이 좋습니다.

새해가 되기 몇 달 전부터 트렌드를 알려주는 책들이 쏟아져 나옵니다. 그러나 아무리 대세라도 회사의 포지셔닝과 전략을 모른 채 쫓아가다 보면 원래 하던 일도 잘되지 않는 법입니다.

트렌드 도서는 회사의 정체성 강화나 방법론적인 측면에서 산업의 흐름을 수용하는 형태로 접근하는 것이 좋습니다. 고객 데이터가 말하는 고객의 변화 양상과 사회적 흐름이 맥을 같이할 때 탁월한 전략을 제안할 수 있습니다. 이것이 트렌드를 쫓는 퍼포먼스 마케터와 전략기획자의 근본적인 차이입니다.

| 기초를 쌓고 최신 이론을 케이스 스터디한다 |

전략 프레임은 생각의 틀을 정해두고 그 위에 현상을 붙여 빠르게 추론하는 방법입니다. 컨설팅기업에서 발전된 개념이라 맥킨지나 BCG과 관련된 책을 몇 개만 봐도 금방 알 수 있습니다.

전략 프레임은 산업과 취향에 따라 선호하는 분야가 다릅니다. 이론이 워낙 다양한데다 이제는 이론이 없는 것을 이론화하기 때문입니다. 마이클 포터부터 크리스 주크, 짐 콜린스의 책은 전략을 이해하는 데 도움이 되기 때문에 최소 한 권 정도는 읽기를 추천합니다.

BSC와 관련된 책은 KPI를 중심으로 기업 경영관리의 개념을 잡는 데 기초가 됩니다. 또한 《맥킨지는 일하는 방식이 다르다》, 《로지컬 씽킹》, 《맥킨지식 전략 파워 프로페셔널》 등은 적절한 템플릿이 있어서 실무에 도움이 됩니다.

하지만 무엇보다 기획자에게 필요한 것은 경제학적인 사고입니다. 책 역시 실무에 도움을 주지만 늘 내 머릿속에 상주해서 모든 결정을 도와주지는 않습니다. 전략기획자가 마주하는 수많은 돌발 상황에서 등불이 되어주는 것은 경제학적인 사고입니다. 유한한 자원에서는 전략적 선택이 기본이자 필수이기 때문입니다.

기회비용, 매몰비용, 게임이론, 탄력성, 한계효용의 법칙 등 원론 수준의 개념부터 수요와 공급이 시장에서 일어나는 미시적 상황은 마이클 포터의 이론과 만나 전략적 사고를 더욱 풍성하게 만들어줍니다. 거시경제에 대한 안목은 전략 최고위 책임자로 발돋움하기 위해 필요한 필수 능력입니다. 세계 동향과 전망에 목소리를 낼 수 있어야 기획을 잘 이끌어갈 수 있습니다. 그래프에서 유의미한 결과를 도출하고 숫자들의 나열을 계량적으로 설명하는 등 경제학적인 사고를 가지면 기업의 전략적 갈등에 해결책을 제안할 수 있습니다.

이론적 기초가 탄탄히 자리 잡은 다음에는 케이스 스터디를 통해 최신 경영 동향을 읽는 독서를 해야 합니다. 일반적으로 〈하버드비즈니스리뷰〉, 〈동아비즈니스리뷰〉 같은 경영 잡지를 많이 읽는데, 개인적으로는 케이스 스터디가 잘 정리된 책을 추천합니다. 문제 상황에 대한 깊이 있는 분석과 솔루션 도출, 전사적으로 해결해나가는 과정은 책을 통해 더 자세히 알 수 있습니다.

다양한 기업의 이야기를 읽으세요. 특히 최근에 턴어라운드한 기업의 사례를 본다면 전략기획이 사업 구조를 만들고 실행까지 담당하는 기업의 두뇌에 해당한다는 사실을 알게 될 것입니다.

| 선도 기업을 추종하지 않고 배운다 |

모든 공부에는 왕도가 없습니다. 보통 스킬은 해당 산업이나 기술을 처음한 회사의 사례를 따라갑니다. 고객 분석 모델의 경우에도 금융사의 방법론이었으나 최근 유통이나 제조사까지 확대되고 있습니다. 처음 시

도한 산업이 자연스레 주류가 되는 것이죠.

후발주자들은 선도 기업의 경험자를 구하게 됩니다. 이 산업이 뜨면 먼저 경험한 사람 자체가 표준이 되고 스킬셋 정리는 추후에 되기 때문입니다. 대부분은 대외비로 감춰져 있고 대학 교재나 강의로 나올 때쯤에는 상당히 대중화된 다음입니다.

하지만 이것도 영속할 수는 없습니다. 최초 시작 단계의 스킬을 추종하지만 돈이 된다는 증명이 이뤄지지 않으면 사라집니다. 돈이 되는 새 스킬이 나오면 금세 그 자리를 차지해버리고 기존 스킬은 무용한 것이 됩니다. 스킬셋을 사용하는 조직이 성장하면 곧 업계와 직능의 표준이 되기 때문입니다.

링크드인 같은 채용 플랫폼에서 사람들의 이력서를 보면 대부분 자신의 스킬셋보다 실적을 중점적으로 내세워 어필합니다. 스킬은 상황이나 환경에 따라 변형이 필요하다는 것을 알기 때문이죠. 이윤을 추구하는 기업은 학문하는 사람이 아닌 돈을 잘 버는 사람을 뽑을 수밖에 없습니다. 로켓에 올라가는 사람들처럼 말이죠.

그러므로 모든 기획자는 자신의 환경에 맞게 스킬을 변형하는 작업이 필요합니다. 전략부터 작은 변수 하나까지 옆 기업과 다른 게 당연합니다. 똑같다면 그것은 벤치마킹을 가장한 전략 실종이죠. 스킬셋은 기본적으로 이해하되 매달릴 필요가 없습니다.

기획자라면 스킬셋을 갖추기 전에 왜 스킬셋이 필요한지, 어떤 배경과 필요에 의해 설계되었는지 등 결론적으로 말하고자 하는 그 밑바탕에 깔린 철학을 파악해야 합니다.

철학은 조직과 고객 행동을 모델링하는 전제이자 관점을 이야기합니다. 예측이라면 예측하는 근거, 즉 수식의 변수와 분자, 분모, 연산기호에 대한 철학이죠. 이런 이해가 후발주자들에게 필요합니다. 단순히 공식이나 스킬적인 프로세스 자체만 바라보면 변형과 재창조는 이뤄질 수 없습니다.

'왜 듀퐁 모델은 자기자본수익율을 주제로 했을까? 더 나은 도구는 없었을까? 지금은 뭐가 더 중요할까?', '수요와 공급이 만드는 시장 논리에서 현재에는 어떤 경직된 장치가 존재할까? 내 일과 예측에는 어떻게 적용하는 게 맞을까?' 같은 생각은 실무만 하는 사람에게 사치가 아닐 수 없습니다. 하지만 결국 자기 평가를 받는 빼도 박도 못하는 팀장이 되는 시기가 오면 이런 꾸준한 고민이 자신의 역량을 말해줄 것입니다.

정답보다 자신의 관점을 찾는 것이 중요합니다. 그런 고민을 해본 사람이 더 인정받는 것은 당연합니다. 현재 사용하는 스킬셋에 대해 자기 나름의 관점으로 정의하고 방향을 고민한다면 실체적으로 완전히 같지 않더라도 분명 이직했을 때 적응하기가 어렵지 않을 것입니다. 탁월한 기획자는 어디서든 왕도를 찾고 있을 거니까요.

정리해보면 스킬셋은 해당 영역의 우수한 서적을 읽고 정보를 습득한 다음 그것을 중심으로 직접 경험하며 확장해나가면 됩니다. 본격적으로 실무에 적용하면서 Trial & Error를 얼마나 잘 정리해서 돌리느냐가 모멘텀이 될 것입니다. 이런 학습법은 강의의 아이템보다 더 나은 비전을 만들어줄 것입니다.

오 늘 의
숙   제

1. 시장의 최신 정보를 얻기 위한 파이프라인이 충분합니까?
2. 월급에서 얼마 정도를 자신의 학습에 투자하고 있습니까? 없다면 어떤 투자를 늘리는 게 좋을지 생각해봅시다.

급변하는 환경에
대처하는 기획자의 자세

피터 드러커는 사업의 새로운 기회가 인구 통계학적인 변화에 있다고 말합니다. 우리가 미래학에 막연한 관심이 있는 이유도 인구 구조와 사회 변화가 낳을 새로운 산업 지형에 관심이 있기 때문일 것입니다. 불과 10년 전에 어느 미래학자가 바이오, 게임 등 당시로서는 주축이 아닌 산업이 미래를 지배할 거라고 말했는데, 지금은 현실이 되어서 새삼 예측하는 방법이 신기했습니다.

역사적으로 큰 변화가 우리 삶을 바꾸고 있습니다. 전쟁, 발명, 전염병은 특정 직업을 역사 속으로 완전히 사라지게 만드는 동시에 새로운 직업을 파생시켰습니다. 코로나19도 그렇습니다. 과거 사스, 메르스 같은 팬데믹 이후 새로운 전염병의 시대가 올 줄은 알았지만 현 시대를 살고 있는 우리는 단기간에 너무 급격히 달라진 삶을 살게 되었습니다.

코로나19로 촉발된 언택트는 여러 분야의 변화를 양산했습니다. 휴대

폰 기반의 IT 서비스, 캠핑, 구독 서비스 등의 수요 증가 다음에는 어떤 패러다임이 올까요?

| 팬데믹이 준 모멘텀과 불확실성 |

코로나19로 인한 가장 큰 변화는 시계열 예측이 어려워졌다는 것입니다. 시계열 예측은 수요 예측, 고객 구매 예측 등 기업의 여러 분야에서 쓰이고 있습니다. 그러나 현재 시간의 흐름에 따라 과거 패턴을 토대로 단기간의 미래를 그릴 수 있었던 흐름이 깨져버렸습니다.

기획의 대전제는 '환경의 변화가 없을 때는 변하지 않는다'는 점입니다. 예로 든 다음의 시계열 예측 이미지처럼 과거에 해오던 추세를 보고 미래를 그리면 대부분 틀리지 않았습니다. 고객 트렌드, 매출 방향, 공장의 기계 마모를 예측하는 것이 그렇습니다. 이런 기계적인 예측은 사실 엑셀이나 통계만 잘하면 어느 정도 높은 정확도로 뽑아낼 수 있었습니다.

하지만 코로나19로 인해 2021년 1월 24일 이후 같은 패턴을 적용할 수 없는 상황이 됐습니다. 대전제가 달라졌습니다. 이제 새로운 전제를 만드는 단서들을 스스로 모아야 합니다. 사건을 통해 이어질 새로운 사건을 예측하는 보다 사회학적이고 인문학적인 방법이 기획에서 더욱 높은 가치를 이끌어낼 것입니다.

AI 시대에 무슨 역설적인 말이냐고 할 수 있겠지만, 실제로 2020년

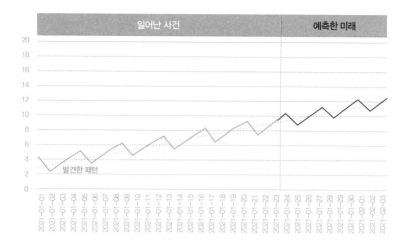

2월 이후 팬데믹 초기에 뜬 것들, 예를 들어 마스크, 알코올 소독제, 안전한 이동, 국내 여행, 자동차, 자동차를 만들기 위한 반도체, 캠핑을 위한 더 넓은 중고차, 차에 올릴 루프박스는 전혀 예측할 수 없던 것이었습니다. 이런 방향의 예측은 사람들이 이다음에 무엇을 찾게 될 것이고, 그것이 불러오는 효과를 생각하는 더욱 실제적인 기획을 이끌어냅니다.

최근 각광받는 데이터를 통한 모델링은 이런 외부 변수를 이해시키는 데 취약한 구조를 갖고 있습니다. 외부 변수가 최초에 생겨난 데이터를 수집해서 그나마 앞으로의 변화 추세를 예측하는 정도입니다. 쉽지 않다는 것이죠. 실제 기회를 만들고 있는 것은 과거 데이터에 잡히지 않습니다. 시계열 예측이 급증하는 대상을 찾는 데 취약한 것처럼 말이죠.

회사가 잘하는 것과 내가 잘하는 것, 사람들의 행동 사이의 접점에서 새로운 기회를 발견하는 가설 시나리오가 중요합니다. 우리 그 누구도 완전한 대전제를 이해하지 못한 상태이니까요.

| '했다'에 속지 말자 |

새로운 전제를 이해해나가는 데 가장 걸림돌이 되는 것은 잘못된 인 풋input입니다. 받아들일 데이터와 받아들이지 않아야 할 데이터를 구분 하는 데 실패하는 것이죠. 대표적으로 '했다'라는 말에 속아 이런 사례들 을 우수 사례로 인풋하는 것입니다.

팬데믹의 변화로 신규 서비스들이 시장에서 많은 테스트를 하고 있습 니다. 배송 시간을 다르게 하는 커머스, 직접 가게에 갈 필요가 없게 만드 는 온디맨드 서비스 등이 모든 분야로 퍼져나가고 있습니다. 한쪽에서 만든 서비스를 모두가 따라하기에 바쁘죠. 라이브커머스를 하지 않는 유 통 기업은 물론 구독 모델을 하지 않는 자동차회사가 없을 정도입니다.

하지만 '했다'는 액션이 모두 시장의 기회로 연결되는 것은 아닙니다. 한 것과 성공한 것은 다르니까요. 했다는 말은 누군가가 시장의 기회를 보고 자신의 가설로 실험을 시작한 것입니다. 누군가가 그것을 따라서 만들었다면 그 가설에 동의한 것이죠. 껍데기를 따라 만든다고 해서 가 설이 결과적으로 검증된 것은 아닙니다.

메타버스Metaverse는 최근 모든 사업에 포함될 정도로 새로운 따라하 기의 주인공이 되었습니다. 대학 강의실을 메타버스로 구현하기도 하고,

메타버스에서 물건을 판매하는 매장을 만들기도 하며, 재택근무 환경을 메타버스로 구현한 회사도 있습니다. 은행, 교육, 커머스, 제조 가릴 것 없이 메타버스를 해야만 성공할 것 같은 압박을 받고 있습니다.

다들 하니까 안 하면 밀린다는 생각으로 해보지만 정작 우리가 이것으로 돈을 벌 수 있는지에 대한 깊은 고민은 적습니다. 실험하는 것과 그냥 해보는 것은 다른 의미지만 지금의 분위기는 안 하면 뒤쳐지니까 일단 저지르고 보자는 분위기가 더 큽니다. 자금이 마를 일은 없을 거라는 기대감 때문이겠죠. 그렇지만 시간이 지나면 반드시 시험대에 오르게 될 것입니다. 사업의 본질은 바뀌지 않기 때문입니다.

아마존이 최근 도입한 선구매, 후결제 서비스Buy Now Pay Later, BNPL 역시 신용카드 발급이 제한적이라는 미국 시장의 사정이 있기에 각광받는 것일 수도 있습니다. 문화나 여건에 따라 같은 사업 아이템이라도 효과가 달라집니다. 사람도 그렇지만 내가 누구고 무엇을 잘하는지 정의가 명확하지 않으면 결국 주변을 벤치마킹하다가 정말 중요한 시간을 낭비할 수도 있습니다.

| 정반합의 새로운 기회 찾기 |

지금 뜨는 것이 영원할 수는 없습니다. 트렌드는 정반합으로 일상에 점점 안착하게 됩니다. 세계적인 IT 컨설팅기업 가트너Gartner가 정의한

하이프 사이클Hype Cycle 처럼 기대의 정점에 있는 기술이나 산업도 '생산성 안정 단계'로 진입하는 수순을 거치게 됩니다.

여기서 기획자가 생각해봐야 할 점은 현재 우리가 바라보는 트렌드를 하이프 사이클에 대입하면 어느 지점에 와 있는지 따져보는 것입니다. 이미 '계몽 단계'에 진입한 기술이 향후 더 넓어질 시장이라고 생각한다면 투자에 비해 적은 실적을 거둘 수밖에 없기 때문이죠. 반대로 '기술 촉발'을 막 지난 트렌드를 간과해서 향후 시장의 높은 성장 기회를 놓치게 될 수도 있습니다.

2000년 전후의 웹, 2010년 전후의 모바일, 2015년 전후의 AI 기술 같은 산업은 몇 년의 주기로 디바이스와 기술의 변화에 영향을 받아왔습니다. 우리가 잘 아는 IT 기업들이 설립되고 현재까지 온 여정은 모두 이를 따르고 있습니다. 가장 중요한 사실은 이 모든 변화도 결국 안정화되고 새로운 대안이 필요하게 된다는 것이죠.

온라인 커머스의 성장 속도에 비해 오프라인 커머스는 몇 년째 자신의 정체성을 찾지 못하는 것처럼 보입니다. 위기라는 말을 달고 살죠. 실제로 오프라인 기반의 많은 아이템이 사라지거나 영세해졌습니다. 모든 상품을 온라인에서도 구매할 수 있게 된 덕분이죠.

하지만 시간이 지나면서 사람들은 아이템에 따라 구매 경험을 평가해서 오프라인을 활용할 시나리오를 세우게 됩니다. 서점은 가장 먼저 온라인으로 전환된 비즈니스였습니다. 아마존이 서점에서 출발했고 국내 온라인 서점의 역사도 다른 아이템에 비해 긴 편입니다. 아이템에 대한

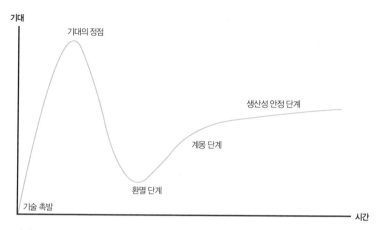

기대

기대의 정점

생산성 안정 단계

계몽 단계

환멸 단계

기술 촉발

시간

• 하이프 사이클

정의가 구매자와 판매자 사이에서 명확하게 이뤄졌고, 배송이 빨라지면서 확장이 용이했기 때문입니다.

온라인 서점의 성장으로 한때 오프라인 서점들이 문을 닫는 위기를 맞기도 했습니다. 하지만 오프라인 서점 역시 하이프 사이클을 통해 온라인과 공생하는 방법을 찾았습니다. 온라인이 완벽하게 제공해주지 못하는 콘텐츠 편집 기능과 공간이 주는 특별한 고객 경험, 지식 교류를 강점으로 부각시킨 것이죠. 독립서점들 역시 뚜렷한 색깔로 정반합을 통해 이뤄낸 좋은 답안이 되고 있습니다.

이처럼 늦은 시점에 온라인 시장에 뛰어드는 아류 서비스가 되느니 정반합을 통해 새롭게 정의된 오프라인 시장의 개척자가 되는 편이 더 좋은 선택일 수 있습니다. 마케팅 전략가 알 리스가 말한 것처럼 고객의 머릿속에서 처음 인지되는 것이 브랜딩이며 이후 굳건한 정체성이 되어주기 때문입니다.

니치마켓을 공략하는 것도 대안입니다. 세분화를 통해 성장하는 시장은 지금은 작아도 향후 커질 가능성이 있기 때문에 현재는 틈새시장임에도 불구하고 가장 먼저 침투해보는 것이죠.

동영상 강의로 학습 콘텐츠를 판매하는 서비스, 외주 계약을 편하게 매칭해주는 서비스, 기계 학습에 필요한 데이터를 만들어주는 서비스 등 모바일 기반으로 프리랜서 서비스가 늘고 있습니다. 하지만 다루는 아이템이나 보상, 매칭 등의 서비스 항목을 자세히 보면 이 시장이 매우 작게 분화되어 있음을 알 수 있습니다. 지금 주목받고 있는 시장에서 저마다 니치마켓의 첫 서비스가 되어 성장하길 원하는 것이죠.

| 계획보다 대응하기 |

마지막으로 완벽한 계획이 어렵다면 눈에 보이는 현상에 어떻게 대응할 것인지를 생각해봅시다.

자라와 H&M은 한때 강력한 라이벌로 세계 시장에서 경합했지만 지금은 처지가 다릅니다. 가장 큰 차이를 벌인 것은 재고를 관리하는 시스템이었습니다. 자라의 생산 및 재고 관리 기술은 H&M의 재고 관리 방식보다 월등히 앞서 있습니다. H&M이 재고 관리에 실패해서 재무적 어려움을 겪을 때도 자라는 비교적 괜찮은 실적을 보였습니다.

이 두 브랜드의 가장 큰 차이는 계획과 대응입니다. H&M은 생산량을 높여 단가를 낮추는 전략으로 재고를 공급했습니다. 비교적 단순한 디자인을 선보였지만, 하이엔드 브랜드와의 콜라보레이션을 통해 심심한 디자인을 보완하고 이슈를 만들어 마케팅에 활용하는 전략을 취했습니다.

자라는 초도 생산량을 낮추고 매장에 상품을 출시한 뒤 초반 실적을 확인하고 추가 생산을 결정했습니다. 초반 생산 단가는 H&M보다 높을 수밖에 없는 구조였지만, 대신 빨리 팔릴 만한 트렌드한 옷을 생산했죠. H&M은 정밀한 사업 계획을 세웠지만 급변하는 외부 변수까지는 예측하지 못했습니다. 결국 2018년에만 4조 5,000억 원의 재고가 쌓이게 되었습니다.

자라는 예측이 아닌 생산 시스템으로 유연한 대응이 가능했습니다. 트렌드한 디자인과 기획, 공장들과의 정보 교류, 비교적 근거리 생산, 초기 판매 실적을 해석하는 능력, 추가 생산과 물류 등의 시스템이 미리 준비되어 있었죠. H&M은 과거 6개월 걸쳐 노동력이 저렴한 국가에서 생산하는 시스템을 구축한 반면 자라는 단 몇 주 만에 매장에 상품을 입고시키는 것으로 차별화를 두었습니다.

지금까지의 방식대로 기획을 추구한다면 생각을 전환해볼 필요가 있습니다. 정확한 예측보다 변수에 대한 대응 준비, 새로운 접근 방법이 더 좋은 선택이지 않느냐는 것이죠.

빅데이터를 통한 예측도 무엇인지에 따라 성과가 나뉩니다. H&M은 몇 개월 뒤 소비될 수요량을 예측했고, 자라는 이미 팔린 양을 바탕으로 수요량을 예측했습니다. 그리고 결과가 나뉘었습니다. 더 가까운 미래에 참고할 데이터가 명확하기 때문이죠. 대응이 가능한 구조를 만드는 것이 기획자의 역할이 되는 시대입니다.

오늘의 숙제

1. 팬데믹 이후 내 일에 있어 가장 큰 변화는 무엇인가요?
2. 이런 상황에서 경쟁사들은 어떤 전략과 포지션을 유지하고 있는지 분석해봅시다.

후배 기획자에게
전하고 싶었던 이야기

    대학에서 열심히 공부해도 회사에 가면 일하는 방법을 새로 배워야 하는 것이 현실입니다. 회사에서 필요한 능력을 가르쳐주는 곳은 많지 않습니다. 그나마 업무에 필요한 최소한의 스킬을 알려주는 곳이 대부분입니다.

    운이 좋으면 사수를 잘 만나 일을 배웁니다. 사회초년생이 가지는 최고의 행운은 일을 가르쳐주는 사수가 있을 때입니다. 온라인에서 직장인들이 고민을 토로하는 글을 보면 일을 제대로 가르쳐주는 사람이 없어서 힘들다는 내용이 대부분입니다. 이처럼 배워야 할 때 배우지 못한 내용은 커리어 내내 아킬레스건으로 작용합니다.

    지금까지 전략기획의 프레임을 통해 일을 잘하는 것은 물론 성과를 내는 방법을 소개했습니다. 기획자가 생각하는 법부터 회사의 판을 읽는 방법, 시장을 바라보는 관점, 숫자로 설명하고 커뮤니케이션하는 기술까지 다소 어려울 수도 있는 주제들을 이 책에서 종합적으로 다룬 것은 여러분이 일을 하다 막히거나 고민이 있을 때 이 책을 바로 꺼내서 활용하면 좋겠다는 동료이자 선배로서의 마음이었습니다.

기획자라면 깊이 공감하겠지만 일하는 트렌드는 계속해서 바뀝니다. 일 잘하는 방법과 관련된 강의가 계절마다 주제를 바꿔가며 배우지 않으면 낙오할 수 있다는 메시지로 우리의 지갑을 노리고 있습니다. 하지만 일의 기본이 탄탄하게 갖춰져 있다면 트렌드는 그 기본 위에 잠깐 엎혀서 쓰는 수단에 불과합니다.

이 책은 그동안 기획 일을 하며 필요한 이론들을 추리고 정리한 내용입니다. 또한 전략기획자로 십수 년간 일하며 업무에서 벌어진 일을 피드백해서 남긴 논리적인 생각들이죠. 논리적인 사고는 어떤 일에서나 필요합니다. 기획자뿐 아니라 어느 직무에 있는 사람이라도 기획이라는 논리적인 프레임을 가지면 결과가 달라지죠.

데이터를 분석할 때도, 상품을 설계할 때도, 사업을 개발할 때도, 논리적인 프레임은 가장 가까운 상사와 경영진을 설득할 수 있고, 멀리는 고객의 마음을 사로잡는 기반이 됩니다. 찬바람이 갑작스럽게 불어올 때 두꺼운 옷을 재빠르게 꺼내는 행동이 필요한 것처럼 위급하거나 큰 변화에 당황스러울 때 인사이트를 제공하는 책이 되기를 바랍니다.

마지막으로 감사 인사를 전하고 싶은 분들이 있습니다. 카카오 브런치에서 연재하는 동안 개인 메시지와 이메일을 통해 수많은 기획자에게 질문을 받았습니다. 이 책은 그분들에게 제대로 전하지 못한 답변을 풀어놓는 자리이기도 합니다. 여러분들의 귀중한 질문으로 이 책이 세상에 나올 수 있었습니다. 일일이 열거할 수는 없지만 그동안 도움을 주신 많은 분에게 이 자리를 빌려 감사한 마음을 전합니다.

앞으로 더 성장하는 모습을 보여드리겠습니다. 그리고 그 과정에서 새롭게 알게 된 사실을 계속해서 나누겠습니다. 마지막까지 이 책을 읽어주셔서 감사합니다.

선배도, 상사도, 회사도 알려주지 않은

기획자가 일 잘하는 법

초판 1쇄 발행 2021년 11월 12일 | 초판 6쇄 발행 2024년 8월 30일

지은이 Peter

펴낸이 신광수
CS본부장 강윤구 | 출판개발실장 위귀영 | 디자인실장 손현지
단행본팀 김혜연, 조문채, 정혜리
출판디자인팀 최진아, 당승근 | 저작권 김마이, 이아람
출판사업팀 이용복, 민현기, 우광일, 김선영, 신지애, 이강원, 정유, 정슬기, 허성배, 정재욱, 박세화,
　　　　　김종민, 정영묵, 전지현
영업관리파트 홍주희, 이은비, 정은정
CS지원팀 강승훈, 봉대중, 이주연, 이형배, 전효정, 이우성, 장현우, 정보길

펴낸곳 (주)미래엔 | 등록 1950년 11월 1일(제16-67호)
주소 06532 서울시 서초구 신반포로 321
미래엔 고객센터 1800-8890
팩스 (02)541-8249 | 이메일 bookfolio@mirae-n.com
홈페이지 www.mirae-n.com

ISBN 979-11-6413-993-4　　03320